Jura Übungen

Übungen

herausgegeben von
Prof. Dr. Dagmar Coester-Waltjen, München
Prof. Dr. Hans-Uwe Erichsen, Münster
Prof. Dr. Klaus Geppert, Berlin
Prof. Dr. Philip Kunig, Berlin
Prof. Dr. Dr. h. c. Harro Otto, Bayreuth
Prof. Dr. Klaus Schreiber, Bochum

Walter de Gruyter · Berlin · New York

Übungen im Zivilprozeßrecht

von
Klaus Schreiber

2., neubearbeitete und erweiterte Auflage

Walter de Gruyter · Berlin · New York · 1996

Dr. iur., *Klaus Schreiber,*
o. Professor an der Ruhr-Universität Bochum.

∞ Gedruckt auf säurefreiem Papier,
das die US-ANSI-Norm über Haltbarkeit erfüllt.

Die Deutsche Bibliothek - CIP-Einheitsaufnahme

> **Schreiber, Klaus**
> Übungen im Zivilprozeßrecht / von Klaus Schreiber. – 2., neubearb. und erw. Aufl. –
> Berlin ; New York: de Gruyter, 1996
>   (Jura: Übungen)
> ISBN 3-11-014964-8

© Copyright 1996 by Walter de Gruyter & Co., 10785 Berlin.

Dieses Werk einschließlich aller seiner Teile ist urheberrechtlich geschützt. Jede Verwertung außerhalb der engen Grenzen des Urheberrechtsgesetzes ist ohne Zustimmung des Verlages unzulässig und strafbar. Das gilt insbesondere für Vervielfältigungen, Übersetzungen, Mikroverfilmungen und die Einspeicherung und Verarbeitung in elektronischen Systemen.

Printed in Germany
Datenkonvertierung: buslau intercom services, 12161 Berlin
Druck und Bindearbeiten: WB-Druck, 87669 Rieden am Forggensee

Vorwort

Die „Übungen im Zivilprozeßrecht" sind erweitert und aktualisiert.
 Ergänzt habe ich die Ausführungen im zwangsvollstreckungsrechtlichen Teil. Anhand praktischer Fälle werden dort die Rechtsbehelfe in der Zwangsvollstreckung behandelt.
 Das Buch befindet sich auf dem Stand vom 1. Juni 1996.
 Für Anregungen und Kritik bin ich nach wie vor dankbar.
 Bei der Vorbereitung der 2. Auflage haben mich meine wissenschaftlichen Hilfskräfte Astrid Engelhardt, Birgit Klimeck und Esther Suhr unterstützt. Dafür danke ich ihnen auch an dieser Stelle.

Bochum, im Juni 1996

Klaus Schreiber

Aus dem Vorwort der 1. Auflage

Eine Übung im Zivilprozeßrecht ist etwas anderes als eine bloße Fallbesprechung. Sie sollte auch Kenntnisse darüber vermitteln, wie ein Fall „anzufassen" ist. Deswegen gehen die Lösungen der ... gestellten Aufgaben nicht nur auf die Rechtsfragen ein, sondern befassen sich auch mit Aufbauproblemen sowie arbeitstechnischen und -taktischen Aspekten. Ich hoffe, daß deswegen - man stößt beim Durcharbeiten wenigstens ab und zu auf Vertrautes - die Beschäftigung mit dem als langweilig verschrieenen Prozeßrecht nicht allzu früh ihr Ende findet ...

Inhalt

Schrifttum XI

1. Teil: Einführung
I. Übersicht 1
II. Die Bedeutung des Zivilprozeßrechts für das Referendar-
    examen 2
III. Das Zivilprozeßrecht im Überblick 3
    Übersicht: Die Gerichte in Zivilsachen 6
IV. Der Weg zur Lösung eines Zivilprozeßrechtsfalles 8
V. Technische Hinweise 10

2. Teil: Das Verfahren bis zum Urteil
1. Abschnitt
Fall 1 14
Lösung 15
 Prozessuale Probleme:
  Prüfungsreihenfolge Zulässigkeit der Klage
  - Begründetheit der Klage
  Angabe des Klagegrundes
  Bestimmtheit des Klageantrags
  Prozeßführungsbefugnis, Prozeßstandschaft
  Rechtsschutzinteresse
  Objektive Klagenhäufung
  Subjektive Klagenhäufung
 Materiellrechtliches Problem:
  Kollektive Beleidigung

2. Abschnitt
Fall 2 27
Lösung 28
 Prozessuale Probleme:
  Bedeutung der Streitgenossenschaft
  Erledigung der Hauptsache (einseitige Erledigungs-
  erklärung, übereinstimmende Erledigungserklärungen)
  Klageänderung
 Materiellrechtliches Problem:
  Schadensersatzpflicht mehrerer bei unklarer
  Kausalität, § 830 I 2 BGB

3. Abschnitt
Fall 3 40
Lösung 41
Aufbauproblem:
Hilfsgutachten
Prozessuale Probleme:
Prozeßvergleich
Klagerücknahmeversprechen
Voraussetzungen des Versäumnisurteils
Rechtskraftwirkungen
Streitgegenstandsbegriffe
Beibringungs- und Untersuchungsgrundsatz
Prüfung von Amts wegen
Materiellrechtliches Problem:
Der Herausgabeanspruch des Vorbehaltsverkäufers
bei verjährter Kaufpreisforderung

4. Abschnitt
Fall 4 61
Lösung 61
Prozessuale Probleme:
Vorprozessuale Aufrechnung und Prozeßaufrechnung
Rechtsnatur der Prozeßaufrechnung
Primär- und Eventualaufrechnung
Rechtshängigkeit durch Aufrechnung
Einwendungen und Einreden
Materiellrechtliches Problem:
Materiellrechtliche Wirksamkeit der Aufrechnung
trotz deren prozessualer Unbeachtlichkeit?

5. Abschnitt
Fall 5 76
Lösung 76
Prozessuale Probleme:
Beweislast
Non-liquet und Eigentumsvermutung (§ 1006 BGB)
Rechtshängigkeit und Rechtsschutzinteresse
Die Sachentscheidungsvoraussetzungen von
- Widerklage
- Feststellungsklage
- Zwischenfeststellungsklage
Konkurrenz Leistungsklage-Feststellungsklage

3. Teil: Die Rechtsmittel

1. Abschnitt
Einführung 84

Inhalt IX

2. Abschnitt
Fall 6 87
Lösung 87
    Prozessuale Probleme
        Statthaftigkeit der Berufung
        Form, Frist
        Berufungsbegründung
        Beschwer
        Unbezifferter Klageantrag

3. Abschnitt
Fall 7 92
Lösung 92
    Prozessuale Probleme:
        Statthaftigkeit der Revision
        Form, Frist
        Revisionsbegründung
        Abgrenzung Revision/Restitutionsklage
        Voraussetzungen der Restitutionsklage

4. Abschnitt
Fall 8 98
Lösung 98
    Prozessuale Probleme:
        Statthaftigkeit der Beschwerde
        Einfache und sofortige Beschwerde
        Begründetheit der Beschwerde

4. Teil: Das Verfahren der Zwangsvollstreckung

1. Abschnitt
Grundlagen 101

2. Abschnitt
Fall 9 102
Lösung 102
    Prozessuale Probleme:
        Vollstreckungserinnerung
        Sofortige Beschwerde
        Rechtspflegererinnerung
        Arten der Zwangsvollstreckung
        Voraussetzungen der Zwangsvollstreckung
    Prozeßrechtliches/materiellrechtliches Problem:
        Eigentumserwerb in der Zwangsvollstreckung

3. Abschnitt
Fall 10 118
Lösung 119
   Prozessuale Probleme:
     Vollstreckungsgegenklage
     Prozeßrechtliches/materiellrechtliches Problem
       Einwendungsausschluß bei der Vollstreckungs-
       gegenklage

4. Abschnitt
Fall 11 124
Lösung 125
   Prozessuale Probleme:
     Drittwiderspruchsklage
     Klage auf vorzugsweise Befriedigung
     Formalisierte Zwangsvollstreckung
     Ausschließliche Gerichtsstände in der
     Zwangsvollstreckung
     Absonderung und Aussonderung im Konkurs
     Verstrickung
     Pfändungspfandrecht
   Prozeßrechtliches/materiellrechtliches Problem:
     Sicherungseigentum in der Zwangsvollstreckung

Stichwortregister 137

Schrifttum

(Lehrbücher, Kommentare, Anleitungsbücher;
Spezialschrifttum ist nur in den Fußnoten nachgewiesen)

I. Lehrbücher

1. Zivilprozeßrecht, Gerichtsverfassungsrecht
Baur/Grunsky, Zivilprozeßrecht, 8. Aufl. (1994)
Baur/Stürner, Zwangsvollstreckungs-, Konkurs- und Vergleichsrecht, 12. Aufl. (1995)
Baur/Stürner, Zwangsvollstreckungs-, Konkurs- und Vergleichsrecht (Fälle und Lösungen nach höchstrichterlichen Entscheidungen), 6. Aufl. (1989); zit.: Fälle und Lösungen...
Blomeyer, A., Zivilprozeßrecht, Erkenntnisverfahren, 2. Aufl. (1985)
Ders. Zivilprozeßrecht, Vollstreckungsverfahren, 1975
Brox/Walker, Zwangsvollstreckungsrecht, 4. Auf. (1993)
Bruns/Peters, Zwangsvollstreckungsrecht, 3. Aufl. (1987)
Grunsky, Grundlagen des Verfahrensrechts, 2. Aufl. (1974)
Jauernig, Zivilprozeßrecht, 24. Aufl. (1993)
Ders. Zwangsvollstreckungs- und Konkursrecht, 19. Aufl. (1990)
Lüke, Zwangsvollstreckungsrecht (Prüfe Dein Wissen), 2. Aufl. (1993)
Musielak, Grundkurs ZPO, 3. Aufl. (1995)
Nikisch, Zivilprozeßrecht, 2. Aufl. (1952)
Rosenberg/Schwab/Gottwald, Zivilprozeßrecht, 15. Aufl. (1993)
Rosenberg/Gaul/Schilken, Zwangsvollstreckungsrecht, 10. Aufl. (1987)
Schellhammer, Zivilprozeßrecht, 2. Aufl. (1992)
Schilken, Zivilprozeßrecht, 2. Aufl. (1995)
Schlosser, Zivilprozeßrecht I, Erkenntnisverfahren, 2. Aufl. 1991
Ders. Zivilprozeßrecht II, Zwangsvollstreckungs- und Insolvenzrecht, 1984
Zeiss, Zivilprozeßrecht, 8. Aufl. (1993)

2. Bürgerliches Recht
Baur/Stürner, Lehrbuch des Sachenrechts, 16. Aufl. (1992)
Enneccerus/Lehmann, Recht der Schuldverhältnisse, 15. Bearbeitung (1958)
Esser/Weyers, Schuldrecht II, Besonderer Teil, 7. Aufl. (1991)
Larenz, Lehrbuch des Schuldrechts, Bd. II/2, Besonderer Teil, 13. Aufl. (1994)

Medicus, Bürgerliches Recht, 17. Aufl. (1996)
Müller, Sachenrecht, 3. Aufl. (1993)
Schreiber, Sachenrecht, 1993

II. Kommentare

1. Zivilprozeßrecht

Baumbach/Lauterbach/Albers/Hartmann, Zivilprozeßordnung, 54. Aufl. (1996)
Münchener Kommentar zur Zivilprozeßordnung, Bd. 1, 1992, Bd. 2, 1992, Bd. 3, 1993
Stein/Jonas, Kommentar zur Zivilprozeßordnung, 21. Aufl. (seit 1993 im Erscheinen)
Thomas/Puzto, Zivilprozeßordnung, 19. Aufl. (1995)
Zöller, Zivilprozeßordnung, 19. Aufl. (1995)

2. Bürgerliches Recht

Münchener Kommentar zum Bürgerlichen Gesetzbuch, Bd. 3, Schuldrecht, Besonderer Teil I, 3. Aufl. (1995); Bd. 3, 2. Halbbd., Schuldrecht, Besonderer Teil, 2. Aufl. (1986); Bd. 4, Sachenrecht, 2. Aufl. (1986)
Palandt, Bürgerliches Gesetzbuch, 55. Aufl. (1996)

III. Anleitungsbücher

Baumgärtel/Prütting, Einführung in das Zivilprozeßrecht mit Examinatorium, 8. Aufl. (1994)
Lippross, Vollstreckungsrecht, 7. Aufl. (1994)
Schumann, Die ZPO-Klausur, 1981

1. Teil:
Einführung

I. Übersicht

Falls Sie bereits Vorkenntnisse haben, sollten Sie mit der Lektüre nicht an dieser Stelle beginnen. Es folgen nämlich zunächst Darlegungen zur Bedeutung des Zivilprozeßrechts in Ausbildung und Examen und - etwas konkreter - zum Inhalt einer Übung im Zivilprozeßrecht. Das ist für fortgeschrittene Studierende nichts Neues: Sie haben die aus ihrer Sicht mehr oder weniger langweiligen Vorlesungen zum Zivilprozeßrecht mehr oder weniger ausdauernd gehört, sie wissen von Kommilitonen in Examenssemestern und aus Repetitorien um die Häufigkeit zivilprozessualer Themenstellungen im ersten Staatsexamen, dem Referendarexamen. Und vor dem mündlichen Teil der Prüfung kann man sich durch Einblick in die Prüferprotokolle darüber informieren, ob ein Prüfer Fragen aus dem „exotischen" Fach Zivilprozeßrecht zu stellen pflegt.

Nutzbringend sollte jedenfalls die Lektüre ab Rdn. 16 sein. Dort finden Sie Ausführungen zur Methode der Fallbearbeitung. Vieles von dem dort Gesagten gilt ganz allgemein für Klausur und Hausarbeit, manches nur für das zivilprozessuale Gutachten.

Schließlich folgen im Hauptteil Fälle mit Lösungen, alle selbstverständlich mit zivilprozessualem Schwerpunkt. Die angesprochenen Probleme sind sämtlich examensrelevant. Sie schöpfen zudem nach meiner Erfahrung den Kreis examenswichtiger Themen nahezu aus.

Wahrscheinlich erwarten Sie jetzt den obligatorischen Hinweis, wie Sie an die Fälle herangehen sollten. Er fehlt hier. Ein Patentrezept habe ich noch nicht gefunden. Die Befolgung des häufig zu lesenden Ratschlags, zunächst selbst eine klausurmäßige Lösung zu versuchen und sie dann mit der Musterlösung zu vergleichen, kostet Sie pro Sachverhalt mindestens 7 Stunden (5 Stunden Schreibarbeit, 2 Stunden Kontrolle), mit anderen Worten nicht weniger als einen ganzen Arbeitstag. Hinzu kommt, daß Sie möglicherweise nach einem Vergleich der Musterlösung mit Ihrer Arbeit enttäuscht sind, so sehr „daneben zu liegen", und die Beschäftigung mit dem ohnehin mißtrauisch beäugten Zivilprozeßrecht ganz aufgeben. Das wäre angesichts Ihres guten Willens zu bedauern.

4 *Mein Tip:* Überlegen Sie sich und machen Sie sich gegebenenfalls kurze Notizen, wie Sie den Fall anfassen würden und wo die Probleme liegen. Alsdann vergleichen Sie mit der Lösung. Und bedenken Sie zu Ihrer Beruhigung, daß in den hier abgedruckten Lösungen ein Arbeitsaufwand steckt, wie er von Ihnen allenfalls im Rahmen einer Hausarbeit erwartet wird. Wo Sie die hiesige Lösung nicht „getroffen" haben, sollten Sie nachhaken - mindestens in der Weise, daß Sie den übersehenen Teil besonders sorgfältig lesen, besser aber noch, indem Sie ein Lehrbuch zur Hand nehmen. (Letzteres bleibt in der Regel eine Wunschvorstellung des jeweiligen Ausbilders. Aber vielleicht nutzen Sie doch die Gelegenheit, sich wenigstens den Standort der zivilprozessualen Lehrbücher in der Institutsbibliothek anzusehen.)

II. Die Bedeutung des Zivilprozeßrechts für das 1. Juristische Staatsexamen

5 Während der Vorbereitung auf das 1. Staatsexamen wird dem Zivilprozeßrecht vielfach nicht die Bedeutung beigemessen, die es im Rahmen der gesamten juristischen Ausbildung hat. Dabei liegt es auf der Hand, daß ein Ergebnis dieser Ausbildung das Wissen darum sein muß, wie man demjenigen, der Recht hat, zu seinem Recht verhilft.

1. Ausgangspunkt: Die Juristenausbildungs- und Prüfungsordnungen der Bundesländer

6 Die Voraussetzungen, die in der 1. Juristischen Staatsprüfung zu erfüllen sind, finden sich in den Juristenausbildungsordnungen (JAO) oder Juristenausbildungs- und Prüfungsordnungen (JAPO) der einzelnen Bundesländer. Über die Rechtslage in dem Land, in dem Sie das Examen ablegen wollen, sollten Sie sich auch unter diesem Aspekt selbstverständlich informieren. Sie werden feststellen, daß mehr zivilprozeßrechtliche Kenntnisse verlangt werden, als die meisten Examenskandidaten annehmen.

So gehört etwa in Nordrhein-Westfalen das Verfahrensrecht zu den Pflichtfächern (§ 3 II Nr. 1 Buchst. h JAG, § 4a Nr. 4 JAO), und zwar

„a) aus dem Erkenntnisverfahren:
gerichtsverfassungsrechtliche Grundlagen, Verfahren im ersten Rechtszug (ohne Wiederaufnahme des Verfahrens, Urkunden- und Wechselprozeß, Familiensachen, Kindschaftssachen und Unterhaltssachen), Verfahrensgrundsätze, Prozeßvoraussetzungen, Arten und Wirkungen von Klagen und gerichtlichen Entscheidungen, Beweisgrundsätze, Arten der Rechtsbehelfe;

b) aus dem Vollstreckungsverfahren:
allgemeine Vollstreckungsvoraussetzungen, Arten der Zwangsvollstreckung und der Rechtsbehelfe."

In diesen Bereichen müssen dem Prüfling die gesetzlichen Grundstrukturen, wenn auch ohne vertieftes Wissen der Rechtsprechung und Literatur, bekannt sein (§ 3 IV JAG NW).

2. Die Examensrelevanz des Zivilprozeßrechts

Daß zivilprozeßrechtliche Fragen examensrelevant sind, hat sich mittlerweile wohl herumgesprochen. Inwieweit nun im Einzelfall Ihre Kenntnisse im Zivilprozeßrecht geprüft werden, hängt von der Auswahl der schriftlichen Prüfungsarbeiten ab. Vor allem in der mündlichen Prüfung sind aber zivilprozeßrechtliche Themen oft Teil der Prüfung im Zivilrecht.

III. Das Zivilprozeßrecht im Überblick

1. Die einschlägigen Gesetze

Die gesetzlichen Vorschriften für den Zivilprozeß finden sich vornehmlich in der *Zivilprozeßordnung* (ZPO; *Schönfelder*, Deutsche Gesetze, Nr. 100; *Nomos* Textausgaben, Zivilrecht, Nr. 33) und dem *Gerichtsverfassungsgesetz* (GVG; *Schönfelder*, Deutsche Gesetze, Nr. 95; *Nomos* Textausgaben, Zivilrecht, Nr.30). Weitere Verfahrensvorschriften beinhalten das *Bürgerliche Gesetzbuch* (z.B. § 407 II BGB), das *Rechtspflegergesetz*, das *Gesetz über die Zwangsversteigerung und die Zwangsverwaltung* (ZVG), das *Anfechtungsgesetz* und die *Konkursordnung*.

Das Zivilprozeßrecht ist insbesondere im Hinblick auf Zuständigkeiten und Verfahrensmodalitäten abzugrenzen vom Strafprozeßrecht, vom Verwaltungsprozeßrecht und vom Verfassungsprozeßrecht. Das Zivilprozeßrecht kommt immer dann zur Anwendung, wenn es zur Durchsetzung privatrechtlicher Ansprüche eines staatlichen Verfahrens bedarf. Darüber hinaus gehören manche Rechtsstreitigkeiten kraft historischer Zuweisung zur Zuständigkeit der Zivilgerichte: § 40 II 1 VwGO, Art. 14 III 4 GG, § 217 I 4 BauGB, §§ 23 ff EG GVG.

Eine Besonderheit stellen die Arbeitssachen dar. Sie gehören vor die Arbeitsgerichte (§§ 2, 2a ArbGG). Die dort anhängigen Verfahren orientieren sich am Arbeitsgerichtsgesetz, das in seiner Systematik der ZPO angeglichen ist. Mehr noch: Soweit das Arbeitsgerichtsgesetz schweigt, sind die Vorschriften der ZPO auch in diesem Bereich anwendbar (§§ 46 II, 80 II ArbGG).

Letztlich zu erwähnen sind die Angelegenheiten der freiwilligen Gerichtsbarkeit. Hier kommt es in Teilen zu einer Verzahnung von

Vorschriften des FGG und der ZPO: So ist etwa für Familiensachen § 621a I ZPO zu nennen.

2. Kurze systematische Darstellung der ZPO

9 Zunächst grob unterschieden läßt sich die ZPO einteilen in die Vorschriften über das *Erkenntnisverfahren* einerseits und über die *Zwangsvollstreckung* andererseits. Das Erkenntnisverfahren ist das Kernstück der ZPO. Es hat zum Ziel, das materielle Recht so festzustellen, daß es durchsetzbar ist. Demgemäß ist es auch abzugrenzen vom Arrestverfahren und dem Verfahren zur Erlangung einer einstweiligen Verfügung (§§ 916 ff ZPO); hier handelt es sich um vorläufige Maßnahmen, welche die Sicherung künftiger Rechtsdurchsetzung und die vorläufige Regelung unklarer Rechtsverhältnisse zum Ziel haben.

Am Ende des Erkenntnisverfahrens steht oft eine gerichtliche Entscheidung, meist ein Urteil. Das Zwangsvollstreckungsverfahren gibt die Handhaben, um das in dieser Entscheidung festgestellte Recht durchzusetzen.

10 Strukturell stellt die ZPO das Erkenntnisverfahren vor den Landgerichten in den Vordergrund (vgl. §§ 253 ff ZPO). Allerdings gelten mit wenigen Ausnahmen diese Vorschriften auch für das amtsgerichtliche Verfahren (vgl. §§ 495 ff ZPO).

Wenn soeben davon die Rede war, daß sich der Zivilprozeß vor den Amts- oder Landgerichten abspielt, so ist damit nur die erstinstanzliche Zuständigkeit angesprochen. Auf die Rechtsmittel im einzelnen werde ich erst im 3. Teil zu sprechen kommen. An dieser Stelle sollten Sie sich aber schon klarmachen, welche Gerichte an welcher Stelle des Verfahrens und in welcher Besetzung im Zivilprozeß tätig werden.

Dazu also in einer Übersicht ein Ausflug in das GVG (S. 6/7).

Zurück zur ZPO. Im *2. Buch* finden sich die Regelungen für das *Verfahren im ersten Rechtszug.* Nach den Vorschriften über den *Gang des Verfahrens* (Klage, vorbereitende Schriftsätze, Klageerwiderung, Termine, Ladungen, etc.) in den §§ 253 ff ZPO zeigen die §§ 300 ff ZPO die *Entscheidungsmöglichkeiten* auf: Endurteil, Zwischenurteil, Vorbehaltsurteil, Anerkenntnisurteil, Versäumnisurteil. Daran schließen sich die Vorschriften über die *Beweisaufnahme und Beweismittel* an (§§ 355 ff ZPO). Die Beweismittel im einzelnen sind *Sachverständigenbeweis, Augenscheinbeweis, Parteivernehmung, Urkundenbeweis, Zeugenbeweis.* In dieser Reihenfolge sind sie anhand ihrer Anfangsbuchstaben leicht zu merken: das Schlagwort lautet *SAPUZ.*

Im *3. Buch* sind dann die Rechtsmittel (Berufung, Revision, Beschwerde) geregelt (§§ 511 ff ZPO).

Das Zivilprozeßrecht im Überblick

Die folgende Übersicht mag das Zusammenspiel und das Nebeneinander der 10 Bücher der ZPO zunächst insbesondere für den Bereich des gewöhnlichen Erkenntnisverfahrens verdeutlichen:

Der Aufbau der ZPO: 11

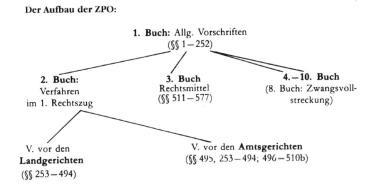

Die Bücher über die *Wiederaufnahme des Verfahrens (4. Buch:* 12 §§ 78-591 ZPO) und den *Urkunden- und Wechselprozeß (5. Buch:* §§ 592-605a ZPO) stehen von ihrer - geringen - Examensrelevanz her dem häufig geänderten *6. Buch* gleich (§§ 606-644 ZPO: Familiensachen, Kindschaftssachen, Unterhaltssachen [§§ 645-687 ZPO: Entmündigungssachen, aufgehoben durch das BetreuungsG v. 12.9.90, ersetzt durch §§ 65-70n FGG: Betreuungssachen]).

Auch das *7. Buch* (§§ 688-703d ZPO: *Mahnverfahren*) ist vor allem 13 praktisch relevant. Man sollte sich immerhin merken, daß in diesem Zusammenhang nicht mehr vom „Zahlungsbefehl", sondern vom *Mahnbescheid* die Rede ist. Auf der Grundlage des Mahnbescheides ergeht der *Vollstreckungsbescheid* (§ 699 ZPO).

Mit dem Recht der *Zwangsvollstreckung* ist ein wesentlicher Teil 14 des Zivilprozeßrechts im *8. Buch* geregelt (§§ 704-945 ZPO).

Sie haben sicherlich schon der Übersicht entnommen, daß es mit 15 den besonderen Teilen der Zivilprozeßordnung nicht sein Bewenden hat. Wie im BGB hat der Gesetzgeber auch im *1. Buch* der ZPO *allgemeine Vorschriften* „vor die Klammer gezogen". Hier (§§ 1-252 ZPO) geht es um die Gerichte, vor allem um deren örtliche Zuständigkeit, um die Stellung der Parteien sowie um das Verfahren, soweit es nicht spezielle Regelungen in den besonderen Teilen der ZPO erfahren hat.

Die Gerichte in Zivilsachen

Gericht	Zuständigkeit 1) erstinstanzlich 2) zweitinstanzlich 3) drittinstanzlich	Spruchorgan	Besetzung
Amtsgericht (AG)	1) §§ 23, 23 a GVG 2) - - - - -	Einzelrichter (§ 22 I GVG) - - - - -	1 Berufsrichter - - - - -
Familiengericht	1) § 23 b GVG 2) - - - - -	Einzelrichter (§ 22 I GVG) - - - - -	1 Berufsrichter (beachte § 23 b III GVG) - - - - -
Landgericht (LG)	1) §§ 71 I, 23 GVG; Spezialzuweisungen z. B. in §§ 246 III AktG, 51 III 3 GenG, 61 III GmbHG	Kammer (§ 60 GVG)	3 Berufsrichter (§ 75 GVG) oder Einzelrichter (§§ 75 GVG, 348 ZPO)
	2) § 72 GVG	Kammer (§§ 60, 72 GVG)	3 Berufsrichter (§ 75 GVG) oder Einzelrichter (§§ 75 GVG, 524 ZPO)
Landgericht - Bei Einrichtung einer Kammer für Handelssachen - KfH - (vgl. § 93 GVG) gilt für diese:	1) §§ 71 I, 23, 94, 95 GVG	Kammer (§ 93 GVG)	1 Berufsrichter 2 ehrenamtliche Richter (§§ 105 GVG; 45 a DRiG: „Handelsrichter") oder Vorsitzender der KfH (§§ 105 I GVG, 524 ZPO) oder Vorsitzender der KfH (§§ 105 I GVG, 349 ZPO)

Das Zivilprozeßrecht im Überblick

Oberlandesgericht (OLG);	2) §§ 72, 94, 95 GVG	Kammer (§ 93 GVG)	1 Berufsrichter 2 ehrenamtliche Richter (§§ 105 GVG; 45 a DRiG: „Handelsrichter")
	1) - - - -	- - - -	- - - -
Kammergericht (Berlin (KG))	2) § 119 GVG	Senat (§ 116 GVG)	3 Berufsrichter (§ 122 GVG) oder Einzelrichter (§§ 122 I GVG, 524 ZPO)
Bayerisches Oberstes Landesgericht (BayObLG) (vgl. § 8 EG GVG, Art. 10 ff. Bay AG GVG)	1) und 2) - - - - -	- - - -	- - - -
	3) § 8 EG GVG	Senat (§§ 10 EG GVG, 116 I GVG)	5 Berufsrichter (§§ 10 II EG GVG, 139 GVG)
Bundesgerichtshof (BGH)	1) und 2) - - - - -	- - - -	- - - -
	3) § 133 GVG	Senat (§ 130 GVG)	5 Berufsrichter (§ 139 GVG)
Ferner:	§§ 132 II GVG	Großer Senat (§ 132 I 1 GVG)	Präsident des BGH und je ein Mitglied des Zivilsenats des BGH (z. Zt. 13 Berufsrichter) (§ 132 V 1 GVG)
	§ 132 II GVG	Vereinigte Große Senate (§ 132 I 2 GVG)	Präsident des BGH und alle Mitglieder der großen Senate (z. Zt. 23 Berufsrichter) (§ 132 V 2 GVG)

IV. Der Weg zur Lösung eines Zivilprozeßrechtsfalles

16 Wie bei jeder Aufgabe stellt sich auch bei einer Arbeit mit zivilprozeßrechtlichem Schwerpunkt die Frage, wie man am besten zur Lösung gelangt. Ein Patentrezept gibt es leider nicht. Aber es gibt gewisse Grundsätze, die sich als nützlich und hilfreich für das Erstellen einer Lösung erwiesen haben. Ich werde auf die meisten dieser Prinzipien in den einzelnen Fällen zu sprechen kommen. Einige allgemeine Hinweise lassen sich aber schon vorweg geben.

1. Bearbeitervermerk

17 Ausgangspunkt einer jeden Arbeit ist der Bearbeitervermerk am Ende der Aufgabe. Dort bringt der Aufgabensteller zum Ausdruck, was er in welcher Form bearbeitet wissen will. Vielfach finden sich hier auch wichtige Informationen über die Prüfungsreihenfolge. Zudem schließt oft ein Bearbeitervermerk Alternativlösungen aus oder verweist darauf, daß die alternative Möglichkeit im Hilfsgutachten zu erörtern ist. Hinsichtlich von Fragen, die im Sachverhalt offen geblieben sind, gibt häufig der Bearbeitervermerk Aufklärung. Bevor man sich den Sachverhaltstext einer Aufgabe durchliest, sollte man zuerst den Bearbeitervermerk lesen. Das hat auch noch einen anderen, ganz praktischen Grund: je nachdem, wonach gefragt wird, muß sich der Bearbeiter seine Zeit unterschiedlich einteilen.

2. Erfassen des Sachverhalts

18 Der Sachverhalt stellt die Grundlage der Aufgabe dar. Aus ihm ergeben sich die für die Bearbeitung wichtigen Tatsachen und die Geschehensabläufe. Das genaue Durchlesen mit dem Ziel, den Sachverhalt wirklich voll zu erfassen, ist die erste Hürde, die der Bearbeiter nehmen muß. Es hat sich gezeigt, daß es sinnvoll ist, die beim ersten Durchlesen gewonnenen Erkenntnisse kurz festzuhalten, sei es durch Markierung im und am Text, sei es durch kurzes Skizzieren auf einem Extrablatt.

Nach dem ersten Durchlesen sollte man sich nochmals den Bearbeitervermerk ansehen, um zu überprüfen, ob man alles verstanden hat. Danach erfolgt ein nochmaliges Durcharbeiten des Textes. Jetzt kann man bereits einzelne Fragestellungen berücksichtigen und danach wichtige Stellen entsprechend kennzeichnen. Spätestens beim zweiten Durchlesen sollte man ein zusätzliches Blatt anlegen, auf dem man sich Notizen macht, z.B. für die Lösung erhebliche Paragraphen vermerkt.

Der Weg zur Lösung eines Zivilrechtsfalles

3. Prozeßskizze
Jetzt kann es von Nutzen sein, eine Skizze zu erstellen, in der die verschiedenen Prozeßrechtsverhältnisse herausgestellt werden. Dies empfiehlt sich immer dann, wenn mehr als zwei Personen an einem Rechtsstreit beteiligt sind.

4. Die Lösungsskizze
Die Lösungsskizze stellt den Entwurf der gefundenen Lösung dar. Als solche soll sie den Arbeitsgang festhalten, die gefundenen Zwischenergebnisse und Endergebnisse wiedergeben. Anhand der Lösungsskizze sollte man in der Lage sein, die Lösung zu erstellen. Häufig wird auf die Lösungsskizze ein zu großes Augenmerk gelegt, mit ihr zuviel Zeit verbracht. Sie sollten immer bedenken, daß die Lösung, also die ausgearbeitete Fassung Ihre Aufgabe ist. Hierbei erst soll man formulieren und genau begründen, in die Lösungsskizze gehören nur Stichpunkte.
Vor der Niederschrift sollte nochmals überlegt werden,
- ob alles verarbeitet wurde, insbesondere jeder Hinweis beachtet wurde,
- ob keine Sachverhaltsunterstellungen vorgenommen wurden,
- ob der Aufbau logisch ist und die Begründungen schlüssig sind,
- ob die Schwerpunkte richtig erkannt und gesetzt worden sind.

5. Die Lösung
Die Reinschrift der Lösung ist der Gegenstand der Beurteilung durch den Korrektor. Darum sollten Sie flüssig argumentieren, sauber formulieren und gut und logisch begründen. Überflüssige Ausführungen sollen vermieden werden. Sie müssen dort in die Tiefe gehen, wo der Fall problematisch ist, nicht aber in die Breite, wo es keine Probleme gibt. Daß Sie Detailwissen haben, sollten Sie immer dort zeigen, wo es genau auf dieses Wissen ankommt, sonst nicht.
Das ist freilich leichter gesagt als getan, weil während des Studiums die Relevanz einer Streitfrage oft nicht erkannt wird. Verbesserungen bringt insoweit erst die Referendarzeit, und sei es auch nur deshalb, weil für die Bearbeitung häuslicher Aufgaben nicht soviel Zeit zur Verfügung steht wie während des Studiums. Deshalb beschränkt man sich dort zwangsläufig auf das Wesentliche.
Für den inhaltlichen Aufbau einer zivilprozeßrechtlichen Arbeit gibt es keine allgemeingültigen Regeln, vielmehr kommt es immer auf die Art der Aufgabe an. Bis zum 1. Staatsexamen wird es häufig darum gehen, Zulässigkeit und Begründetheit einer Klage oder eines Rechtsmittels darzustellen. Ich werde auf diese Art der Aufgaben in den folgenden Fällen ausführlich eingehen.

6. Schlußbetrachtung

22 Schließlich wäre es schön, wenn Sie Zeit hätten, Ihre Lösung unter der Fragestellung: „Habe ich die Aufgabe gelöst?" durchzusehen. Vor allem sollten Sie natürlich darauf achten, ob Sie überhaupt die gestellte Frage beantwortet haben. Zudem findet man gerade bei der letzten Durchsicht noch Kleinigkeiten, die man verbessern, Fehler, die man ausmerzen kann. Da durchweg die Aufgaben so gestellt sind, daß eine zufriedenstellende Lösung die volle Bearbeitungszeit erfordert, sollten Sie sich auf jeden Fall bis zum Schluß dieser Zeit mit der Aufgabe beschäftigen. Die Arbeit frühzeitig abzugeben wäre unter diesem Aspekt leichtfertig.

Es sollte eigentlich keines Wortes dazu bedürfen, daß die Arbeit einwandfrei sein muß, was Rechtschreibung, Grammatik und Zeichensetzung angeht. Tatsächlich aber ist das keineswegs selbstverständlich. Verbleibende Zeit sollten Sie deshalb dazu nutzen, auf diese Punkte zu achten. Auch sollte man die äußere Form der Arbeit nicht unterschätzen. Man geht zur mündlichen Prüfung ja auch nicht in Jeans und buntem Hemd. Warum wollen Sie dann eine Arbeit abliefern, die schon äußerlich den Erwartungen nicht entspricht?

V. Technische Hinweise

23 1. Jeder Lösung, auch einer im Rahmen einer Klausur erstellten, sollte ein *Deckblatt* vorgeheftet werden. Auf diesem Deckblatt muß der Name des Bearbeiters bzw. im 1. Staatsexamen die ihm zugeteilte Nummer, und, wenn die Arbeit im Rahmen einer Übung geschrieben wurde, die Bezeichnung der Übung, der Name des Dozenten und das Datum der Abgabe vermerkt sein.

24 2. Konzept und Reinschrift sollten jeweils nur *einseitig beschriftet* werden. Dies dient dem Bearbeiter, der es sehr viel leichter hat, zu einem Punkt zurückzukommen, wenn er nicht Vor- und Rückseite überprüfen muß. Falls später etwas einzufügen oder zu verbessern ist, ist es auch nützlich, wenn man lediglich eine Seite neu zu schreiben hat. Nicht zuletzt erleichtert diese Art der Darstellung die Korrektur der Arbeit.

Zur Schrift: es gibt eine alte Prüferweisheit, wonach die äußere Form und der Inhalt einer Arbeit oft Hand in Hand gehen. Oder: Wer kraus schreibt, denkt auch kraus. Ausnahmen bestätigen die Regel.

25 3. Bei der schriftlichen Ausarbeitung sollte immer ein *großzügiger Seitenrand* gelassen werden. Es ist wichtiger, eine übersichtliche Lösung abzugeben als am Papier zu sparen. Die breiten Ränder gewährleisten, daß der Korrektor ausreichend Platz zur Verfügung hat,

um seine Korrekturen anzubringen. Außerdem ergibt sich für Sie der Vorteil, daß eventuell nachzutragende Details ohne Schwierigkeiten an der richtigen Stelle unterzubringen sind.

4. Der Übersichtlichkeit dient es, die *Seiten* an immer derselben Stelle deutlich zu *numerieren*. Da meistens viele Arbeiten in die Hände desselben Korrektors gelangen, kann es vorkommen, daß Arbeiten durcheinander geraten. Das gilt auch im Examen. Deshalb ist es wichtig, die Seiten einer Arbeit ohne Schwierigkeiten zuordnen zu können.

5. Bis zum 1. Staatsexamen wird in fast allen Fällen ein Gutachten Gegenstand der Aufgabe sein. Daher ist stets darauf zu achten, daß man im *Gutachtenstil* bleibt. Nennen Sie also (1.) die Norm, die Sie prüfen wollen; führen Sie (2.) deren Voraussetzungen an; alsdann (3.) subsumieren Sie den Sachverhalt unter die Norm; und schließlich (4.) kommen Sie zum Ergebnis, d.h. zur Beantwortung der oben unter (1.) gestellten Frage, ob die angeführte Norm anwendbar ist.

6. Grundsätzlich gilt für Hausarbeiten das gleiche wie für Klausuren. Zu beachten bleibt jedoch, daß der Zeitfaktor bei einer Hausarbeit eine größere Rolle spielt, als viele es glauben wollen. Zu leicht unterläuft der Fehler, daß man den Zeitraum bis zur Abgabe der Hausarbeit überschätzt. Deswegen kann man die Arbeit schließlich nicht in Ruhe zu Ende führen. Darum ist es ganz wichtig, einen *Zeitplan* zu erstellen.

a) Die Vorbereitung der Arbeit

aa) Bestimmen Sie zunächst den Zeitpunkt, zu dem die Hausarbeit geschrieben werden soll: Wollen Sie die Ferienhausarbeit, die 1. oder ggfs. die 2. Hausarbeit schreiben? Beachten Sie auch, daß man nicht zu früh in eine Übung gehen soll. Am besten ist es, sie erst nach dem Besuch der Vorlesung zu absolvieren, die den Stoff behandelt hat.

Dieser Rat stößt immer auf taube Ohren. Ich habe ihn früher selbst nicht befolgt. Wenn ich ihn hier trotzdem weitergebe, so deshalb, weil er mir in der Rückschau richtig erscheint. Sie lösen Fälle, die Ihnen im 3. und 4. Semester erhebliche Schwierigkeiten machen, einige Zeit später „mit der linken Hand". Deswegen wage ich auch zu bezweifeln, daß das frühe „Erschlagen der Scheine" im Hinblick auf ein möglichst zügiges Studium (Stichwort: „Freischuß") sinnvoll ist. Mir scheint eher das Gegenteil der Fall zu sein.

bb) Halsen Sie sich nicht zu viel Arbeit auf. Gerade zu Beginn eines Semesters wird auch in anderen Veranstaltungen von Ihnen viel verlangt. Denken Sie daran, wenn Sie den Termin für Ihre Hausarbeit festlegen. Und vergessen Sie vor der Entscheidung für die Ferienhausarbeit nicht, daß die Semesterferien nicht zuletzt zur Erholung da sind. Man geht in vieler Hinsicht abgeklärter ins nächste Semester, wenn man seine juristischen Studien für kurze Zeit unterbrochen hat.

Wenn Sie sich für eine Hausarbeit entschieden haben, sollten Sie sich schnell einen Überblick über die Probleme verschaffen. So können Sie sich frühzeitig die einschlägige Literatur besorgen. (In vielen Büchereien sind zu Hausarbeitszeiten nach einigen Tagen alle wichtigen Exemplare vergeben oder jedenfalls nicht greifbar. Auch hier gilt darum: Wer zuerst kommt, mahlt zuerst.) Beachten Sie, daß es außer der Institutsbibliothek andere Stellen gibt, an denen Sie auf dort nicht gefundene Bücher zugreifen können: denken Sie an die Universitätsbibliothek, an eventuell vorhandene Literaturbestände älterer Semester usw.

Falls Sie noch nicht mit einer Schreibmaschine/einem PC vertraut sind, sollten Sie sich bald nach jemandem umzusehen, der Ihnen die Schreibarbeit erledigt. Denn Sie sollten ein maschinengeschriebenes oder ausgedrucktes Exemplar Ihrer Lösung abgeben.

b) Die Anfertigung der Hausarbeit

29 aa) Erstellen Sie eine vorläufige Gliederung Ihrer Lösung. In ihr muß sich die Lösung in ihren Grundstrukturen wiederfinden. Die Gliederung braucht nicht mehr zu enthalten als den ungefähren Gedankengang der Arbeit, so wie er Ihnen vorschwebt. Sie werden merken, daß sich bei der Niederschrift Ihrer Arbeit neue Probleme stellen und manche, die Ihnen anfangs wichtig erschienen, Makulatur werden.

Sie werden nicht selten den Rat finden, die Hausarbeit zunächst als Klausur zu lösen: dies führe Sie zu den relevanten Fragen, die dann anschließend anhand von Literatur und Rechtsprechung nur noch beantwortet oder vertieft zu werden bräuchten. - Wenn Sie sich die Arbeit machen wollen, steht dem natürlich nichts im Wege. Nach meiner Erfahrung ist eine solche Niederschrift allerdings fruchtlos. Denn sie bleibt in aller Regel im Ansatz stecken. Hausarbeiten sind nun einmal nicht so einfach, daß man sie von Anfang bis Ende in den 5 Stunden, die üblicherweise für eine Klausurbearbeitung anzusetzen sind, zu Ende lösen kann. Gehen Sie aber schon am ersten Problempunkt der Hausarbeit in die Irre (und merken dies später!), so ist ein halber Arbeitstag vertan.

30 bb) Gehen Sie mit Ihrer vorläufigen Gliederung jetzt in die Institutsbibliothek. Vertiefen Sie die Probleme, die Sie bereits erkannt haben. Scheiden Sie die Fragen aus, die Ihnen anfangs zweifelhaft erschienen, die aber nach einer ersten Heranziehung von Rechtsprechung und Literatur ihre Bedeutung verloren haben.

cc) Verfeinern Sie Ihre Gliederung. Sie werden jetzt einiges mehr wissen als im Zeitpunkt der ersten Gliederung, die Sie ganz am Anfang Ihrer Bemühungen erstellt haben.

dd) Gehen Sie jetzt zur Ausarbeitung über. Diese Formulierungsphase sollte ca. 1 Woche vor Abgabe der Arbeit abgeschlossen sein, damit Sie noch Zeit haben, die Arbeit für ein oder zwei Tage in die Schublade zu legen. Wenn Sie danach etwas Abstand von Ihrer Lösung gefunden haben, werden Sie vielleicht manche Ihrer Formulierungen auf Anhieb nicht mehr verstehen. Haken Sie hier nach und schreiben Sie diesen Teil neu.

ee) Wenden Sie sich jetzt den Teilen der Lösung zu, die für eine Hausarbeit unentbehrlich sind. Sehen Sie die Fußnoten durch und überprüfen Sie diejenigen, bei denen Sie sich nicht (mehr) sicher sind, ob sie stimmen. Fertigen Sie das Literaturverzeichnis an: Nichts ist einfacher, als die Fußnoten von vorne nach hinten durchzusehen, die Literaturstellen herauszuschreiben und in vollständiger Fassung in das Literaturverzeichnis zu übernehmen. Wenn sich im Zuge der Bearbeitung Änderungen in der Gliederung ergeben haben, ergänzen Sie sie insoweit und vergessen Sie vor allem nicht, in die Gliederung die Seiten zu übernehmen, auf denen der jeweilige Gliederungspunkt angesiedelt ist. Auf ein Abkürzungsverzeichnis können Sie in aller Regel verzichten.

c) Die Abgabe der Hausarbeit

aa) Geben Sie die Arbeit pünktlich ab. Der Rat scheint überflüssig, ist es - wie die Erfahrung lehrt - aber nicht. Mir ist ein Fall bekannt, in dem im Assessorexamen (!) eine Arbeit zu spät abgegeben worden ist, weil der Examenskandidat das Ende der Bearbeitungszeit unter Zuhilfenahme der §§ 187, 188 BGB selbst (und falsch!) berechnet hat. Wenn Sie Ihre Arbeit zur Post geben, sollten Sie den Schalterbeamten bitten, dafür zu sorgen, daß das Datum des Poststempels gut lesbar ist. Sie können sich so manchen Ärger ersparen.

bb) Lassen Sie sich die Besprechung der Hausarbeit nicht entgehen. Nachdem Sie mehrere Wochen an der Lösung gearbeitet haben, sollten Sie eigentlich schon deswegen an der richtigen Beantwortung der in der Aufgabe gestellten Fragen interessiert sein. Im übrigen ist Ihnen die Besprechung auf jeden Fall für die Zukunft von Nutzen: Nach aller Erfahrung machen Sie die jetzt erkannten Fehler nicht noch einmal!

2. Teil:
Das Verfahren bis zum Urteil

1. Abschnitt

Prozessuale Probleme:
Prüfungsreihenfolge Zulässigkeit der Klage
- Begründetheit der Klage,
Angabe des Klagegrundes,
Bestimmtheit des Klageantrages,
Prozeßführungsbefugnis, Prozeßstandschaft,
Rechtsschutzinteresse,
objektive Klagenhäufung,
subjektive Klagenhäufung.
Materiellrechtliches Problem:
Kollektive Beleidigung.

Fall 1 („Die anstößigen Titelbilder")[1]

32 Im V-Verlag erscheint das Magazin S, dessen Chefredakteur C ist. Den zehn Klägerinnen mißfällt die Art der Darstellung von Frauen auf den Titelseiten dieses Magazins. Deshalb reichen sie beim zuständigen Gericht Klage mit dem Antrag ein,
„die Beklagten (Verlag V und Chefredakteur C) zu verurteilen, es bei Vermeidung eines vom Gericht für jeden Fall der Zuwiderhandlung festzusetzenden Ordnungsgeldes und für den Fall, daß dieses nicht beigetrieben werden kann, einer Ordnungshaft oder einer Ordnungshaft bis zu 6 Monaten zu unterlassen,
die Klägerinnen dadurch zu beleidigen, daß auf den Titelseiten des Magazins „der stern" Frauen als bloßes Sexualobjekt dargestellt werden und dadurch beim männlichen Betrachter der Eindruck erweckt wird, der Mann könne über die Frauen beliebig verfügen und sie beherrschen; hilfsweise, auf den Titelseiten des Magazins „der stern"

---
[1] Nach LG Hamburg, NJW 1980, 56.

Die Zulässigkeitsvoraussetzungen

Frauen als beliebig verfügbares beherrschbares Objekt darzustellen, wie insbesondere auf den Titelbildern des „stern" Nr. 24/78 erstes und zweites Titelbild, Nr. 16/78, Nr. 12/78, Nr. 4/78 und Nr. 25/77".
Wie wird das Gericht entscheiden?

Lösung

I. Das Vorgehen des Gerichts

Gefragt ist ein Entscheidungsvorschlag für das erkennende Gericht. 33
Dafür ist es wichtig zu wissen, welche Gesichtspunkte das Gericht prüfen muß, um zu einer Entscheidung zu gelangen. Für ein klagestattgebendes Urteil müssen sämtliche Erfolgsvoraussetzungen vorhanden sein. Bei der Klageabweisung hingegen genügt grundsätzlich schon das Fehlen einer Voraussetzung zur Abweisung der Klage.

Hier taucht bereits ein Problem auf. Wie soll das Gericht verfahren, wenn die Zulässigkeit der Klage erst nach eingehender Prüfung bejaht oder verneint werden kann, die Unbegründetheit der Klage aber offensichtlich ist? Es liegt auf der Hand, daß der sofortige „Durchgriff" auf die Begründetheitsprüfung, die Abweisung der Klage als *jedenfalls unbegründet*, den Gerichten manche Arbeit ersparen würde. In unserem Fall etwa ist die kollektive Beleidigungsfähigkeit der Klägerinnen mühelos zu verneinen. Damit ist die Klage unbegründet. All die Überlegungen zur Zulässigkeit der Klage, die hier immerhin 6 Seiten umfassen, bräuchten nicht angestellt zu werden. Dennoch: Einer der „fundamentalsten Prozeßgrundsätze der traditionellen Rechtslehre"[2] lautet, daß ein Gericht nicht sachlich entscheiden darf, bevor nicht die Zulässigkeit der Klage feststeht.[3] Die Sachurteilsvoraussetzungen müssen danach vorliegen, gleichviel ob die Klage nun materiell begründet oder unbegründet ist. Dies gilt auch, wenn sich die Unbegründetheit ohne viel Aufhebens feststellen ließe, die Zulässigkeitsprüfung dagegen erhebliche Schwierigkeiten bereitet.

Wie Sie wissen[4], werden die Sachurteilsvoraussetzungen eingeteilt 34 in solche, die von Amts wegen geprüft[5] werden, und andere, die durch Einrede geltend gemacht werden müssen. Die letztgenannten sind die sogenannten Prozeßhindernisse.

Bevor ich auf den Meinungsstreit in dieser Frage eingehe, einige 35 Bemerkungen zu den soeben gebrauchten Begriffen. Die Terminologie ist, wenn es um die Zulässigkeit einer Klage im Zivilprozeß geht,

---
[2] *Schlosser*, JURA 1979, 20, 22.
[3] Vgl. *Rosenberg/Schwab/Gottwald*, § 96 V 6; *Schilken*, Rdn. 254.
[4] Im Zweifelsfall sollten Sie nachlesen (etwa bei *Zeiss*, Rdn. 259 ff).
[5] Dazu unten Rdn. 36

nicht einheitlich. Überwiegend werden die Zulässigkeitsvoraussetzungen als „Prozeßvoraussetzungen" bezeichnet. Genau genommen ist der Begriff falsch. Wenn nämlich z.b. dem Kläger das Rechtsschutzinteresse fehlt oder statt des angerufenen Amtsgerichts das Landgericht sachlich zuständig ist, mangelt es zwar an einer Zulässigkeitsvoraussetzung. Dennoch findet ein Prozeß statt, in dem freilich über nicht mehr als über eben diese Voraussetzungen befunden und die Klage durch sogenanntes Prozeßurteil als unzulässig abgewiesen wird. Einleuchtender ist es m.E., unter dem *Oberbegriff „Zulässigkeitsvoraussetzungen"* nach *Prozeßvoraussetzungen* im eigentlichen Sinne des Wortes - die gibt es nämlich! - und *Sachentscheidungsvoraussetzungen* zu unterscheiden. Fehlt eine Prozeßvoraussetzung, kommt kein Prozeß zustande: Es wird kein Termin zur mündlichen Verhandlung anberaumt, und das Gericht stellt dem in der Klageschrift als Beklagten Bezeichneten die Klageschrift nicht zu. - Fehlt eine Sachentscheidungsvoraussetzung, kommt es nicht zur Entscheidung „in der Sache", d.h. über die materiellrechtliche Begründetheit; das ist grob gesprochen der BGB-Teil des Falls. Man bleibt gleichsam im Formalen - dem Prozeßrecht - stecken. Die Klage wird, wie gesagt, als unzulässig abgewiesen.

Dazu die Übersicht[6]:

Die Zulässigkeitsvoraussetzungen

I. Prozeßvoraussetzungen
1. Prozeßkostenvorschuß (§ 65 GKG)
2. Unterzeichnung der Klage
3. kein offenkundiges Fehlen der deutschen Gerichtsbarkeit
4. funktionelle Zuständigkeit
5. Postulationsfähigkeit

II. Sachentscheidungsvoraussetzungen
1. die Parteien betreffend
   a) Existenz
   b) Parteifähigkeit
   c) Prozeßfähigkeit
   d) Prozeßführungsbefugnis
   e) Rechtsschutzinteresse (bei der Feststellungsklage)
   f) Prozeßvollmacht eines Vertreters
2. das Gericht betreffend
   a) ordnungsgemäße Klageerhebung
   b) deutsche Gerichtsbarkeit

---

[6] Ggfs. sollten Sie sich anhand eines Lehrbuchs den Inhalt der Begriffe vergegenwärtigen. Vgl. etwa *Schilken*, Rdn. 253 ff; *Zeiss*, Rdn. 253 ff.

c) Zulässigkeit des Rechtswegs
d) Zuständigkeit
- sachlich
- örtlich
- international
3. die Streitsache betreffend
a) keine anderweitige Rechtshängigkeit
b) keine anderweitige Rechtskraft
4. Besondere Sachentscheidungsvoraussetzungen
a) z.B. bei Klageänderung: § 263 ZPO (i.V.m. §§ 264, 267 ZPO)
b) z.B. bei Widerklage[7]: § 33 ZPO

III. Prozeßhindernisse
1. Einrede der mangelnden Kostenerstattung (§ 269 IV ZPO)
2. Einrede der mangelnden Sicherheit für die Prozeßkosten (§§ 110 ff ZPO)
3. Einrede des Schiedsvertrags (§ 1027 a ZPO)

Zurück zur Frage, ob die Prüfung der Sachentscheidungsvoraussetzungen der Begründetheitsprüfung stets vorauszugehen hat (nebenbei bemerkt: die Prüfung der Prozeßvoraussetzungen hat selbstverständlich absoluten Vorrang). Der traditionellen Ansicht, die im Vorrang der Sachurteilsvoraussetzungen den „wohlbegründeten, ja selbstverständlichen Stufenaufbau unseres Prozesses" sieht[8], steht die *Lehre von den grundsätzlich gleichwertigen Erfolgsvoraussetzungen* gegenüber.[9] Allerdings darf diese Lehre nicht dahin verstanden werden, daß tatsächlich alle Voraussetzungen für den Erfolg einer Klage absolut gleichwertig wären. Sie wendet sich nur gegen einen Prüfungs- und Entscheidungsvorrang der Prozeßvoraussetzungen aufgrund einer Generalbegründung.[10] Der Vorrang soll sich vielmehr allein aus Sinn und Zweck der jeweiligen Voraussetzung selbst ergeben.

Richtet sich eine offensichtlich unbegründete Klage gegen eine prozeßunfähige Partei, die nicht ordnungsgemäß vertreten ist, so dürfte dennoch die Klage nicht als jedenfalls unbegründet abgewiesen werden: Aus dem Grundrecht des rechtlichen Gehörs (Art. 103 Satz 1 GG) folgt, daß einer nicht ordnungsgemäß vertretenen Partei nicht

37

38

---
[7] S. unten Rdn. 181 ff.
[8] So *Jauernig*, Festschrift für *Schiedermair*, S. 289, 311.
[9] Vgl. *Grunsky*, Grundlagen, § 34 III; *Rimmelspacher*, Zur Prüfung von Amts wegen im Zivilprozeß, 1966, S. 51 ff.
[10] *Rimmelspacher*, ZZP 88, 245. *Schlosser*, JURA 1979, 20, 23, spricht von „begriffsjuristischen Prämissen".

mit rechtskräftiger Entscheidung ein materiellrechtlicher Anspruch aberkannt werden darf.[11]

Gleiches gilt für die Zuständigkeitsvorschriften, deren Zweck die Gewährleistung des gesetzlichen Richters ist[12], und die Prozeßvoraussetzung des Fehlens einer rechtskräftigen Entscheidung über denselben Streitgegenstand. Hier würde nicht nur der Sieger des Vorprozesses, sondern auch das öffentliche Interesse an Rechtssicherheit und -frieden beeinträchtigt, könnte der Zweitrichter diese Frage dahingestellt sein lassen und jedenfalls sachlich entscheiden.[13]

Es handelt sich in diesen Fällen um Sachentscheidungsvoraussetzungen von Verfassungsrang.

39 Zu keiner Priorität kommt auch die *Lehre vom grundsätzlichen Prüfungsvorrang der Sachentscheidungsvoraussetzungen* beim Rechtsschutzinteresse.[14] Das Rechtsschutzbedürfnis/-interesse „soll unnötige Arbeit von der Justiz abwehren und den Beklagten vor unnötiger Verwicklung in ein Verfahren schützen".[15] Widersinnig wäre es unter diesem Aspekt, eine schwierige Prüfung des Rechtsschutzbedürfnisses zu verlangen, wenn die Klage ganz offensichtlich unbegründet ist.

In schriftlichen Arbeiten ist es sicherer und deshalb meist vorzugswürdiger, bei der *traditionellen Prüfungsreihenfolge „Zulässigkeit vor Begründetheit"* zu bleiben.[16]

Ungeklärt ist schließlich auch die Frage, ob es innerhalb der Sachentscheidungsvoraussetzungen eine bestimmte Rangfolge gibt.[17] Verzichten Sie insoweit auf nutzlose Profilierungsversuche und prüfen Sie in einer Arbeit Unproblematisches gar nicht, weniger Problematisches vorweg und problematische Sachentscheidungsvoraussetzungen am Ende der Zulässigkeitsstation.

II. Die Zulässigkeit der Klage

1. Angabe des Klagegrundes

40 Auffallend an der Aufgabenstellung ist zunächst, daß ein den erhobenen Anspruch stützender Sachverhalt fehlt. Für eine ordnungsgemäße Klageerhebung ist aber nach § 253 II Nr. 2 ZPO die Angabe des

---

[11] *Pohle*, ZZP 81, 161, 166 f; *Zeiss*, Rdn. 266.
[12] *Schwab*, JuS 1976, 69, 70; *Zeiss*, Rdn. 266; a.A. *Schlosser*, ZPR I, Rdn. 304.
[13] *Grunsky*, Grundlagen, § 34 III 2.
[14] Dazu BGH WM 1978, 935 f = NJW 1978, 2031 f; *Jauernig*, ZPR, § 35 I.
[15] *Schlosser*, ZPR I, Rdn. 303; *Baur/Grunsky*, Rdn. 100.
[16] So auch *Schlosser*, ZPR I, Rdn. 304; *Schilken*, Rdn. 335.
[17] Dazu *Zeiss*, Rdn. 268; *Baur/Grunsky*, Rdn. 132; *Schilken*, Rdn. 334 m.w.Nachw.

Klagegrundes in der Klageschrift erforderlich. Klagegrund ist der Sachverhalt, aus dem der Kläger die begehrte Rechtsfolge herleitet. Mangelt es an dieser Angabe, ist die Klage unzulässig.

Aber Vorsicht: Aus diesem Grund die Zulässigkeit der Klage zu verneinen, wäre schon taktisch verfehlt. Denn damit stände die Lösung nach vier Sätzen bereits fest. Das entspricht sicherlich nicht der Intention des Aufgabenstellers. Den Ausweg böte ein Hilfsgutachten, in dem die restlichen Probleme des Falles erörtert werden müßten. Wo aber Hilfe notwendig ist, indiziert das die Schwäche des Hauptgutachtens.[18] Grund genug, die Lösung zu überdenken!

Der Fehler liegt hier in der Prämisse. Die Klage ist nämlich nur dann unzulässig, wenn überhaupt keine Tatsache zur Begründung des Rechtsfolgebegehrens, des Antrags, vorhanden ist. Die Klage ist aber zulässig, wenn der Anspruch individualisiert, also von anderen Ansprüchen abgrenzbar ist.

Daß sich aus dem Tatsachenvortrag die begehrte Rechtsfolge ergibt, ist hingegen kein Zulässigkeitsproblem mehr: Ist das Vorbringen des Klägers zu unvollständig, um das Rechtsfolgebegehren zu rechtfertigen, ist die Klage unschlüssig.[19]

Hier erscheint es gut vertretbar, von einer hinreichenden Individualisierung auszugehen. Weil klar ist, an welchen Publikationen die Klägerinnen Anstoß nehmen, besteht keine Verwechselungsgefahr.

2. Bestimmtheit des Klageantrags

Fortzufahren ist mit der Frage, ob der klägerische Antrag ausreichend bestimmt ist (§ 253 II Nr. 2 ZPO). Das Bestimmtheitserfordernis soll gewährleisten, daß sich der Beklagte sinnvoll verteidigen kann.

Bei der hier erhobenen Unterlassungsklage handelt es sich um einen Unterfall der Leistungsklage. Denn die Leistungsklage dient der prozessualen Verwirklichung materiellrechtlicher Ansprüche. Dementsprechend ist die Leistungsklage das richtige Mittel zur Verwirklichung eines jeden materiellrechtlichen Anspruchs.[20] Nach § 194 Abs. 1 BGB kann Inhalt eines Anspruchs auch sein, von einem anderen ein Unterlassen zu verlangen.

Ob der an sich statthafte Antrag, den Beklagten zu einer Unterlassung zu verurteilen, bestimmt genug ist, muß danach beurteilt werden, ob sein Inhalt vollstreckt werden kann.

Die Durchsetzung von Verpflichtungen zur Duldung und Unterlassung richtet sich nach § 890 ZPO. Voraussetzung ist danach ein voll-

---

[18] Vgl. dazu Rdn. 101.
[19] Z.B. mit der Konsequenz, daß ein Versäumnisurteil gegen den Beklagten nicht ergehen dürfte, die Klage vielmehr durch sog. unechtes Versäumnisurteil abzuweisen wäre. Vgl. dazu Rdn. 123.
[20] *Lüke*, JuS 1969, 301, 303.

streckbares Verbotsurteil.[21] Bei einer Zuwiderhandlung gegen dieses Urteil hat das Prozeßgericht des ersten Rechtszuges auf Antrag des Gläubigers den Schuldner zu einem Ordnungsgeld bzw. einer Ordnungshaft zu verurteilen. Das zur Vollstreckung zuständige Gericht ist also darauf beschränkt, den Verstoß gegen das Verbotsurteil festzustellen. Daraus folgt zwingend, daß das Urteil nicht so gefaßt sein darf, daß das Vollstreckungsgericht Funktionen des erkennenden Gerichts wahrnehmen muß. Wenn es hier aber bei jedem Vollstreckungsantrag zu prüfen hätte, welcher „Eindruck erweckt wird", müßte es jeweils erneut fragen, ob die Voraussetzungen des materiellrechtlichen Unterlassungsanspruchs vorliegen.[22]

43 Abgesehen von diesen vollstreckungsrechtlichen Erwägungen fordert das Verfassungsrecht bei Urteilen, die eine Handlung verbieten, einen bestimmten Ausspruch. Das Ordnungsgeld oder die Ordnungshaft nach § 890 Abs. 1 ZPO haben nämlich strafrechtlichen Charakter.[23] „Die strafrechtliche oder strafrechtsähnliche Ahndung einer Tat ohne Schuld des Täters ist aber rechtsstaatswidrig und verletzt dadurch den Betroffenen in seinem Grundrecht aus Art. 2 Abs. 1 GG".[24] Die Bestimmtheit ist also auch unter dem Aspekt des „nulla poena sine lege certa" zu sehen. Der Schuldner muß von vornherein wissen können, welche Handlung ihm untersagt ist. - Hier fehlt es an einem dementsprechenden Antrag.

44 Exkurs (zum *zulässigen* unbestimmten Klageantrag):
Von diesem Erfordernis des bestimmten Klageantrags gibt es Ausnahmen.

So ist mit der Stufenklage (§ 254 ZPO) dem Kläger, der Ansprüche auf Herausgabe des durch eine Geschäftsbesorgung Erlangten hat (§ 667 BGB), die Möglichkeit gegeben, Herausgabeklage zu erheben, obwohl der Schuldner die Pflicht zur Rechnungslegung noch nicht erfüllt hat, der Umfang des Herausgabeanspruchs also noch gar nicht bekannt ist. Der Kläger soll dadurch in die Lage versetzt werden, durch eine zulässige Klage die Verjährung zu unterbrechen.[25] Im Wege der objektiven Klagenhäufung (§ 260 ZPO) beantragt der Kläger hier (1.) Rechnungslegung, ggfs. (2.) die eidesstattliche Versicherung, daß die Rechnung richtig ist, und schließlich (3.) die Herausgabe selbst.

45 Die andere Ausnahme hat ihren Grund in einer spezifischen Methode richterlicher Entscheidungsfindung. Nach § 287 ZPO kann das

---

[21] *Baumbach/Lauterbach/Albers/Hartmann*, § 890 Rdn. 2 ff; MünchKomm/ *Schilken*, ZPO, § 890 Rdn. 5, 7.
[22] LG Hamburg, NJW 1980, 56, 57.
[23] H.M.; vgl. z.B. BVerfGE 58, 159, 162 f.
[24] BVerfG aaO.
[25] *Schilken*, Rdn. 212; *Zeiss*, Rdn. 332.

Gericht die Höhe eines Schadens schätzen, nach § 847 BGB kann das Gericht als Schmerzensgeld eine billige Entschädigung zusprechen. In beiden Fällen entscheidet das Gericht nach freiem Ermessen. Der exakte Inhalt der gerichtlichen Entscheidung läßt sich demgemäß nicht sicher voraussehen. Darum ist dem Kläger in diesen Fällen ein genau bezifferter Antrag nicht zuzumuten. Fordert er nämlich nach dem Ermessen des Gerichts zuviel, trägt er nach § 92 ZPO einen Teil der Kosten, fordert er zuwenig, so ist das Gericht, auch wenn es den Anspruch höher einschätzt, nach § 308 I ZPO an den Antrag gebunden und kann dem Kläger nicht mehr zusprechen. - Deshalb kann der Kläger z.B. die Verurteilung zu einem „in das Ermessen des Gerichts gestellten Schmerzensgeld" beantragen. Notwendig ist aber, daß der Antrag die ungefähre Größenordnung des Anspruchs erkennen läßt.[26]

3. Prozeßführungsbefugnis

Mit dem Hauptantrag fordern die Klägerinnen das Verbot, sie durch die einen bestimmten Eindruck erweckende Darstellung von Frauen zu beleidigen, mit dem Hilfsantrag schlechterdings die Untersagung einer bestimmten Darstellung der Frau. Damit dürfte die Prozeßführungsbefugnis der Klägerinnen problematisch werden.

Die Prozeßführungsbefugnis ist Sachurteilsvoraussetzung.[27]

Was versteht man nun unter der Prozeßführungsbefugnis? Zerlegen Sie den Begriff. Es geht um die Befugnis, einen (Zivil-) Prozeß zu führen, konkreter: ein Recht im Prozeß geltend zu machen. Diese Befugnis hat grundsätzlich nur derjenige, dem das Recht nach seiner Behauptung zusteht. Die Prozeßführungsbefugnis ist also die Kehrseite der materiellrechtlichen Befugnis. So wird verhindert, daß sich ein Dritter zum Sachwalter fremder Interessen aufschwingt.

Eine Zwischenfrage: Warum eigentlich hat die Wissenschaft die ungeschriebene Sachentscheidungsvoraussetzung „Prozeßführungsbefugnis" geschaffen? Viel einfacher wäre es doch, nur denjenigen als Partei anzusehen, der materiellrechtlich Beteiligter eines Rechtsverhältnisses ist. So könnte etwa grundsätzlich nur der Inhaber eines Anspruchs auch Kläger, nur der Schuldner auch Beklagter sein. Die Klage eines Dritten, dem der Anspruch nicht zusteht, wäre demnach unzulässig, weil er nicht Partei ist.

Die Antwort auf diese Frage ergibt sich aus dem Parteibegriff im Zivilprozeß. Er ist formeller Natur. Partei ist derjenige, der im eigenen Namen Rechtsschutz begehrt (Kläger), sowie derjenige, gegen den Rechtsschutz begehrt wird (Beklagter). Es kommt also auf die Be-

---

[26] BGH NJW 1982, 340; dazu und zur Beschwer unten Rdn. 202.
[27] *Thomas/Putzo*, vor § 253 Rdn. 22 und § 51 Rdn. 20; MünchKomm/ *Lindacher*, ZPO, vor § 50 Rdn. 70.

zeichnung in der Klageschrift an. Wenn das aber nach dem heutigen formellen Parteibegriff so ist, so muß sich an anderer Stelle entscheiden, ob die (formelle) Partei auch die richtige Partei ist. Eben diese Entscheidung ist unter der Überschrift *Prozeßführungsbefugnis* zu treffen.

49 Nun gibt es aber doch Fälle, in denen ein Dritter ein fremdes Recht geltend machen darf: Der Miterbe kann nach § 2039 S. 1 BGB einen Anspruch der Erbengemeinschaft einklagen; trotz Abtretung eines eingeklagten Anspruchs bleibt darüber hinaus der bisherige Kläger Partei (§ 265 II 1 ZPO). Hier überträgt bzw. beläßt das Gesetz also einem Dritten, Anspruchsfremden, die Prozeßführungsbefugnis. Man spricht dann von *Prozeßstandschaft* und, wenn man die Person des Dritten im Auge hat, vom *Prozeßstandschafter*. Und man unterscheidet zwischen der gesetzlichen Prozeßstandschaft (Beispiele finden sich ferner in §§ 335, 432, 1368 BGB[28]) und der gewillkürten Prozeßstandschaft, bei der die Prozeßführungsbefugnis durch Rechtsgeschäft auf den Prozeßstandschafter übertragen wird.

Es liegt auf der Hand, daß eine solche gewillkürte Prozeßstandschaft nicht ohne weiteres möglich ist. Denn andernfalls würde der Popularklage, die durch die Sachentscheidungsvoraussetzung *Prozeßführungsbefugnis* verhindert werden sollte, Tür und Tor geöffnet.

50 Deshalb verlangt man weithin[29] für die Zulässigkeit der gewillkürten Prozeßstandschaft
a) die *Zustimmung des Rechtsinhabers* dazu, daß ein Dritter im eigenen Namen das fremde Recht geltend macht;
b) die *Abtretbarkeit des Rechts* selbst oder jedenfalls die Möglichkeit, das Recht zur Ausübung einem anderen zu überlassen;
c) ein eigenes *schutzwürdiges Interesse des Dritten*, also des Prozeßstandschafters.

51 *Zurück zu unserem Fall*. Mit dem Hauptantrag behaupten die Klägerinnen immerhin, sie würden durch das Verhalten der Beklagten beleidigt, d.h. in einem eigenen Recht, nämlich der Ehre betroffen. Daraus kann sich ein Anspruch aus §§ 823, 1004 BGB ergeben. Das reicht für die Prozeßführungsbefugnis aus.[30]

Ob der Anspruch besteht, ist eine Frage der Sachlegitimation. Sie ist nach der Lehre vom formellen Parteibegriff scharf von der Prozeßführungsbefugnis zu unterscheiden; bei ihr handelt es sich um

---

[28] Zu § 1368 BGB *Staudinger/Thiele*, 13. Bearb. 1994, § 1368 Rdn. 18, 19 m.w.Nachw.
[29] Einzelheiten bei *Thomas/Putzo*, § 51 Rdn. 32 ff; MünchKomm/*Lindacher*, ZPO, vor § 50 Rdn. 56, 59, 64.
[30] Vgl. *Schlosser*, ZPR I, Rdn. 256; *Thomas/Putzo*, § 51 Rdn. 20 f.

Klagenhäufung

nichts anderes als um die materiellrechtliche Zuständigkeit in Bezug auf das Recht[31] und somit um eine Begründetheitsfrage.

Die Formulierung des Hilfsantrags hingegen läßt nicht erkennen, daß die Klägerinnen ein ihnen zustehendes Recht geltend machen. Insoweit liegt eine unzulässige Popularklage vor.

4. Rechtsschutzinteresse

In seiner Rezension der diesem Fall zugrunde liegenden Entscheidung des LG Hamburg[32] äußert *Schlosser*[33] Bedenken bezüglich des Rechtsschutzinteresses: Einiges spreche für die Mißbräuchlichkeit der Klage, die in Wirklichkeit auch des politischen Effekts halber erhoben worden sei. Der karge Sachverhalt hier gibt keine Veranlassung, in einer Fallbearbeitung darauf einzugehen.

Allgemein zum Rechtsschutzinteresse oder Rechtsschutzbedürfnis: Inhalt des Rechtsschutzinteresses ist die prozessuale Ausformung des allgemeinen Mißbrauchsverbots.[34] Die Rechtsprechung hat dies zu Fallgruppen konkretisiert.[35] Der Hauptfall ist der, daß der Kläger sein Ziel auf andere Weise als durch Klage besser, billiger oder einfacher erreichen kann.[36] Nach allgemeiner Auffassung ist das Rechtsschutzbedürfnis Sachentscheidungsvoraussetzung.[37]

52

53

5. Objektive Klagenhäufung

Unproblematisch ist hier die Zulässigkeit der objektiven Klagenhäufung, d.h. der Verbindung mehrerer Ansprüche in einer Klage. Die beiden Anträge der Klägerinnen richten sich gegen dieselben Beklagten, dasselbe Gericht ist zuständig, dieselbe Prozeßart zulässig: § 260 ZPO.

Die beiden Anträge sind in Form der eventuellen Klagenhäufung hintereinander gestellt. Der Hilfsantrag ist nur für den Fall der Erfolglosigkeit des Hauptantrags erhoben. Bei solcher Konstellation taucht stets das Problem auf, daß der Hilfsantrag unter der Bedingung der Abweisung des Hauptantrags steht. Grundsätzlich sind aber bedingte Prozeßhandlungen wegen der damit verbundenen Ungewißheit der prozessualen Situation unzulässig. Doch herrscht Einigkeit darüber, daß solche Hilfsanträge weitgehend zulässig sind. Begründen

54

55

---

[31] *Thomas/Putzo*, Vorbem § 253 Rdn. 39; *Baumbach/Lauterbach/Albers/Hartmann*, Grundz § 50 Rdn. 23.
[32] NJW 1980, 56.
[33] *Schlosser*, JURA 1979, 20, 21.
[34] *Schlosser*, ZPR I, Rdn. 194; *Zeiss*, Rdn. 292 ff.
[35] Überblick bei *Zeiss*, Rdn. 292 ff.
[36] So auch *Rosenberg/Schwab/Gottwald*, § 92 IV 1.
[37] *Baur/Grunsky*, Rdn. 100; *Zeiss*, Rdn. 304.

läßt sich dies am ehesten mit dem Hinweis auf die Prozeßökonomie.[38] Ein neuer Rechtsstreit über den Hilfsanspruch soll vermieden werden. Das erklärt auch die weiteren Voraussetzungen: Haupt- und Hilfsanspruch müssen verschiedene Streitgegenstände haben; sie müssen ferner juristisch oder wenigstens wirtschaftlich auf dasselbe oder ein gleichwertiges Ziel gerichtet sein.[39] - Die Gleichartigkeit des Ziels läßt sich ohne weiteres bejahen. Schwierigkeiten bereitet es allerdings festzustellen, ob zwei verschiedene Streitgegenstände vorliegen. Doch ist dies nur die Folge der unbestimmten Fassung der beiden Anträge.

6. Subjektive Klagenhäufung

56 Die Klage ist von 10 Klägerinnen gegen 2 Beklagte erhoben. Dabei entstehen Prozeßrechtsverhältnisse zwischen jeder Klägerin und jedem Beklagten (insgesamt also 20). Diese Beziehungen sind prinzipiell zu trennen. Dennoch würde es hier nur zu einer grotesken Vielschreiberei führen, wollte man unbesehen dem Rat folgen, sämtliche Prozesse getrennt darzustellen.[40] Wenn offensichtlich ist, daß diese Trennung keine Erkenntnisse zutage fördert, sollte man alle Klagen getrost einheitlich prüfen.[41]

Es handelt sich bei diesen mehreren Klagen um einen Fall der *Streitgenossenschaft* oder „subjektiven Klagenhäufung". Deren Zulässigkeit ist von der Zulässigkeit der Klage als solcher unabhängig: Liegen die Voraussetzungen der Streitgenossenschaft nicht vor, sind die einzelnen Prozesse lediglich durch Beschluß nach § 145 I ZPO zu trennen.[42] Nur unter diesem Aspekt sind somit die Voraussetzungen der §§ 59, 60 ZPO zu untersuchen.

57 Die einzelnen Fälle der §§ 59, 60 ZPO werden in der Regel nicht streng auseinandergehalten. Anerkannt ist vielmehr der Grundsatz, daß eine Streitgenossenschaft stets dann zulässig sein soll, wenn eine gemeinsame Verhandlung und Entscheidung zweckmäßig ist.[43] Das ist hier zu bejahen, weil der geltend gemachte Anspruch aus derselben unerlaubten Handlung abgeleitet wird.

Wie sich aus den vorangegangenen Zweckmäßigkeitserwägungen ergibt, entspricht das Institut der Streitgenossenschaft den Forderungen der Prozeßökonomie. Zwar bleiben die einzelnen Prozesse selbständig (§ 61 ZPO) und wirken Prozeßhandlungen jeweils für den Prozeß, indem sie erklärt sind - aus § 63 ZPO folgt jedoch die Not-

---

[38] *Brox*, Festschrift für Carl-Heymanns-Verlag, 1965, S. 121, 122; Münch-Komm/*Lüke*, ZPO, § 253 Rdn. 88.
[39] *Brox*, aaO, S. 123 ff.
[40] Zu dem Prinzip *Schumann*, Rdn. 110.
[41] Dazu *Schlosser*, ZPR I, Rdn. 65.
[42] Dazu unten Rdn. 63.
[43] *Baur/Grunsky*, Rdn. 122 f; *Rosenberg/Schwab/Gottwald*, § 48 II 1 a.

wendigkeit gemeinschaftlicher Verhandlung. Beweisaufnahme und Beweiswürdigung erfolgen einheitlich.[44] Die Entscheidung schließlich ergeht grundsätzlich in *einem* Urteil.

Übrigens werden mehrere Klagen nicht nur aus prozeßökonomischen, sondern auch aus prozeßtaktischen Erwägungen verbunden: So sind nämlich alle Beklagten in der Verhandlung Partei und können folglich nicht als Zeugen vernommen werden.[45]

III. Begründetheit der Klage

Im Rahmen der Begründetheitsprüfung geht es allein darum, ob den Klägerinnen gegen die Beklagten ein Unterlassungsanspruch zusteht. Die Aufgabe besteht also nicht darin, allgemein die Zulässigkeit einer derartigen Darstellung von Frauen zu erörtern - was gewiß interessant wäre und zudem in diesem Fall sichtlich die Intention der Klägerinnen war.

Als Rechtsgrundlage für diesen Unterlassungsanspruch kommt ein sogenannter quasi-negatorischer Unterlassungsanspruch in Frage.[46] Er greift ein gegenüber objektiv rechtswidrigen Verletzungen gesetzlich geschützter Rechtsgüter. Prozessuales Mittel zu seiner Durchsetzung ist die vorbeugende Unterlassungsklage. Voraussetzung ist, daß die künftige Wiederholung des Eingriffs zu befürchten ist.[47]

Diese Ausweitung führt allerdings zu einem dogmatischen Problem: So wird die Ansicht vertreten, der Unterlassungsklage liege kein subjektives Privatrecht zugrunde; eine bloße Befürchtung sei kein Tatbestand. Zudem würde die Konstruktion eines gegen jedermann gerichteten Anspruchs auf Respektierung bestimmter Rechtsgüter der Figur des subjektiven Privatrechts jede Kontur nehmen.[48] Demzufolge sieht diese Auffassung die Unterlassungsklage als prozessuales Institut des Rechtsschutzes. Demgegenüber beharrt eine verbreitete Meinung auf einem zugrunde liegenden materiellrechtlichen Anspruch: Schon die unmittelbar drohende Rechtsverletzung bilde einen zivilrechtlich relevanten Tatbestand.[49] - Praktisch ist dieser Meinungsstreit ohne Konsequenzen.

Um das Bestehen des Unterlassungsanspruchs feststellen zu können, muß also die Verletzung einer gesetzlich geschützten Position der Klägerinnen drohen. In Frage kommt eine Verletzung der Ehre

---

[44] *Baur/Grunsky*, Rdn. 123; *Schlosser*, ZPR I, Rdn. 271.
[45] Vgl. *Schlosser*, ZPR I, Rdn. 270.
[46] Vgl. *Larenz/Canaris*, Schuldrecht II/2, § 86 I 1, § 87; *Palandt/Bassenge*, § 1004 Rdn. 2.
[47] Im einzelnen *Palandt/Thomas*, Einführung vor § 823 Rdn. 18 ff.
[48] So *Esser/Weyers*, § 62 IV.
[49] So *Larenz/Canaris*, Schuldrecht II/2, § 87 I 2 m.w.Nachw.

(§ 823 II BGB i.V. mit § 185 StGB) und des allgemeinen Persönlichkeitsrechts (sonstiges Recht im Sinne von § 823 I BGB). Da aber die Klägerinnen nicht selbst auf den Titelbildseiten in der behaupteten Weise abgebildet sind, bleibt allein die Möglichkeit einer Beleidigung der Klägerinnen durch die Darstellung der Frauen in ihrer Gesamtheit. Um eine kollektive Beleidigung annehmen zu können, müßte die betroffene Gruppe deutlich abgegrenzt aus der Allgemeinheit hervortreten (andernfalls würde die Annahme der Beleidigung einer einzelnen Person unter einer Kollektivbezeichnung ausufern[50]). Die Gruppe der Frauen ist allerdings zum einen derart groß und zum anderen so wenig durch ein einheitliches Schicksal gekennzeichnet, daß die Annahme der Beleidigung jeder einzelnen Frau durch eine möglicherweise gegebene Herabwürdigung der Frauen als solcher nicht anzunehmen ist.

Da die Klägerinnen nicht in einem Rechtsgut verletzt sind, steht ihnen ein Unterlassungsanspruch nicht zu.

Die Klage wäre schließlich also auch unbegründet.

Keine Frage: Der Fall ist für eine schriftliche Bearbeitung denkbar ungeeignet. Als Grundlage einer mündlichen Prüfung, in der prozessuales „Kernwissen" abgefragt werden soll, läßt er sich aber gut heranziehen. Im übrigen sorgen die illustrierten Magazine dafür, daß er seine Aktualität nicht verliert.

---

[50] Zum Ganzen ausführlich LG Hamburg aaO.

2. Abschnitt

Aufbauproblem:
Fallabwandlung.
Prozessuale Probleme:
Bedeutung der Streitgenossenschaft,
Erledigung der Hauptsache
(einseitige Erledigungserklärung,
übereinstimmende Erledigungserklärung),
Klageänderung,

Materiellrechtliches Problem:
Schadensersatzpflicht mehrerer bei unklarer Kausalität
(„Urheberzweifel"),
§ 830 I 2 BGB

Fall 2 („Ein Verkehrsunfall mit Folgen")[1]

B befuhr, obwohl stark übermüdet, mit seinem Pkw bei Dunkelheit und Nebel die Bundesstraße 213. Als B sich einer Einmündung näherte, kam K mit seinem Mofa aus der Seitenstraße. Bei dem folgenden Zusammenstoß, der auch durch die Übermüdung des B verursacht wurde, stürzte K und blieb auf der Fahrbahn der Bundesstraße liegen. Unmittelbar darauf erreichte C mit überhöhter Geschwindigkeit die noch ungesicherte Unfallstelle und überrollte mit seinem PKW den K. Im Verlauf des Gesamtunfalls erlitt K schwere Verletzungen. Ob die Verletzung durch den ersten oder zweiten Unfall verursacht worden war, läßt sich nicht mehr feststellen.
  Am 1.4. reicht K beim Amtsgericht eine Klage auf Zahlung der Arztkosten i.H.v. 10.000,-- DM ein; diese Kosten hat K zunächst selbst bezahlt. Die Klageschrift wird B und C am 15.4. zugestellt. Am 20.4. zahlt B dem K die beanspruchten 10.000,-- DM. K erklärt daraufhin die Hauptsache für erledigt. C stimmt der Erledigungserklärung zu. B widerspricht und beantragt Klageabweisung.
  Wie wird das Gericht entscheiden?

Abwandlung: B zahlt bereits am 5.4. Wie lautet die gerichtliche Entscheidung jetzt?

---

[1] Nach BGHZ 72, 355 ff; zu einem ähnlichen Fall *Kollhosser*, JURA 1989, 148 ff (1. Teil).

Lösung

I. Zum Aufbau

1. Fragestellung

63 Der Lösungsweg ist durch die beiden Schlußfragen vorbestimmt. K klagt gegen zwei Parteien. Diese beiden Klagen sollten getrennt behandelt werden. Das ist die sicherste Methode, um Unklarheiten zu vermeiden.[2] Durch das Vorliegen einer Streitgenossenschaft (§§ 59 ff ZPO) darf man sich nicht irritieren lassen. Für die Zulässigkeit der Klage spielt die Streitgenossenschaft nämlich keine Rolle. Vielmehr sind die Überlegungen zur Zulässigkeit von Klage und Streitgenossenschaft auseinanderzuhalten: Ist die Klage gegen einen Beklagten unzulässig, wird sie durch Prozeßurteil abgewiesen; fehlen hingegen nur die Voraussetzungen der Streitgenossenschaft, so sind die Verfahren nach § 145 ZPO zu trennen.[3]

64 Die weitere Grundstruktur der Lösung richtet sich nach den Schlußfragen. Neben dem Grundfall wird eine Abwandlung zur Bearbeitung gestellt. Damit ist die Gliederung weitgehend festgelegt. Bei jeder der beiden Alternativen sind die Klagen K gegen B und K gegen C zu prüfen.

2. Fallabwandlungen

a) Allgemeines

65 Bei einer schriftlichen Arbeit, die sich wie diese aus zwei alternativen Fallgestaltungen zusammensetzt, empfiehlt es sich, möglichst früh wenigstens eine ungefähre Vorstellung davon zu haben, worauf es bei der Abwandlung ankommen wird. Der Unterschied besteht hier in den Zahlungsterminen. Da also Daten eine Rolle spielen, ist das in der Abwandlung geänderte Datum mit dem sonstigen zeitlichen Ablauf der Fallgeschichte in Zusammenhang zu bringen (auch wenn nur wenige Daten berichtet werden, ist es nützlich, diese kurz in einer Tabelle zusammenzustellen).

---

[2] *Schumann*, Rdn. 101; einschränkend *Schlosser*, ZPR I, Rdn. 65.
[3] Das gilt sogar im Falle der notwendigen Streitgenossenschaft nach § 62 ZPO. Sie liegt hier nicht einmal vor. Denn wegen § 425 BGB entwickelt sich die Verpflichtung jedes Gesamtschuldners prinzipiell eigenständig.

b) Zum Fall

Im Grundfall liegt die Zahlung des eingeklagten Betrags nach Einreichung und Zustellung der Klage, in der Abwandlung zwischen Einreichung und Zustellung. 66
Rechtshängig wird eine Klage erst durch Zustellung der Klageschrift an den Beklagten (§ 261 I ZPO i.V.m. § 253 I ZPO). Durch Einreichung bei Gericht wird sie nur *anhängig*. Wenn der Aufgabensteller eine eigene Fallvariante bildet, in der die Auszahlung nicht nach Rechtshängigkeit, sondern zwischen Anhängigkeit und Rechtshängigkeit liegt, so ist dies für den Bearbeiter schon insofern eine Hilfestellung, als ersichtlich wird, daß dies jedenfalls nach Auffassung des Klausurverfassers eine Rolle spielen kann.

Eine technische Bedeutung von Fallabwandlungen ist damit aufgezeigt. Alternativen ändern den Ausgangssachverhalt oft in einem Punkt ab. Dieser Punkt ist rechtlich problematisch und bedarf deshalb eingehender Würdigung. Ob das Rechtsproblem erst durch die Änderung in der Fallabwandlung auftaucht und darum dort diskutiert werden muß (so hier) oder ob die Schwierigkeit in der Alternative behoben wird, läßt sich erst nach einiger Überlegung sagen. An der Hilfestellung, die solche Abwandlungen geben, ändert das nichts.

Darüber hinaus gibt es einen anderen Typus von Fallabwandlungen, die diese Bezeichnung eigentlich gar nicht verdienen. Sie werden dadurch gekennzeichnet, daß sie den Ausgangsfall fortschreiben. Beispiel: Über das Vermögen des Klägers wird noch während des Rechtsstreits das Konkursverfahren eröffnet. - Wird in einem entsprechenden Zusatz nach der Rechtsfolge (§ 240 ZPO) gefragt, so wird kein bereits latent vorhandenes Problem des Ausgangsfalles aktualisiert. Solche Fallerweiterungen geben also keinen Fingerzeig auf Gesichtspunkte, die von Anfang an im Auge zu behalten sind.

3. Prüfungsabfolge Zulässigkeit - Begründetheit der Klage

Die Frage, in welcher Reihenfolge Zulässigkeit und Begründetheit einer Klage zu prüfen sind, ist keineswegs mehr unumstritten.[4] Hier jedenfalls spricht mindestens ein Argument dafür, die Zulässigkeit zuerst zu untersuchen: Wenn prozessuale Probleme den Schwerpunkt der Arbeit bilden, ist es aus klausurtaktischen Erwägungen ratsam, mit den prozessualen Fragen zu beginnen. 67

---

[4] Dazu oben Rdn. 37 ff.

II. Der Grundfall: Die Klage K gegen B

1. Zulässigkeit

68 Auszugehen ist stets vom Begehren des Klägers (K). Er erklärt die Hauptsache für erledigt. Das scheint auf eine Kostenentscheidung nach § 91 a ZPO hinauszulaufen. Voraussetzung für eine Entscheidung nach § 91 a ZPO ist allerdings die übereinstimmende Erklärung der Parteien, daß die Hauptsache erledigt sei. Hieran fehlt es. Denn der Beklagte widerspricht der Erledigungserklärung. Eine Entscheidung nach § 91 a ZPO kann demgemäß nicht ergehen.

69 *a)* Damit bleibt die Frage, welches zulässige Ziel die „Erledigungserklärung" des K verfolgt, konkret: ob diese „Erledigungserklärung" einen Antrag beinhaltet, den es alsdann zu prüfen gälte.

Die Erklärung ist folglich auszulegen. Die Auslegungskriterien sind den §§ 133, 157 BGB zu entnehmen. Zwar gelten die aus diesen Vorschriften entwickelten Auslegungsregeln unmittelbar nur für die Willenserklärungen des materiellen Rechts. Diese Regeln enthalten aber Gedanken von solcher Allgemeingültigkeit, daß sie für die Auslegung von Prozeßhandlungen herangezogen werden können. Entscheidend sind also der erklärte Wille, der Standpunkt des Erklärungsempfängers und die diesem erkennbaren Umstände.[5]

Hier ist K erkennbar an der Beendigung des Verfahrens gelegen. Nimmt nämlich der Prozeß seinen Lauf bis zur Sachentscheidung über den Anspruch des K, müßte die Klage des K abgewiesen werden. Denn dessen Forderung ist erloschen (§ 362 I BGB). Folglich ist die Klage in dem für die Entscheidung maßgeblichen Zeitpunkt - das ist grundsätzlich der Termin der letzten mündlichen Verhandlung - unbegründet. Demgemäß hätte K die Prozeßkosten zu tragen (§ 91 ZPO).

70 *b)* Für eine einseitige Verfahrensbeendigung durch den Kläger kommen in Betracht die Klagerücknahme (§ 269 ZPO), der Klageverzicht (§ 306 ZPO) sowie die einseitige Erledigungserklärung.

Da K selbst von einer Erledigung ausgeht, liegt eine einseitige Erledigungserklärung am nächsten.

Neben dem Wortlaut des klägerischen Antrags spricht vor allem die Interessenlage für die Annahme einer einseitigen Erledigungserklärung: Die typische Situation der „einseitigen Erledigungserklärung", die, gesetzlich nicht geregelt, von Rechtsprechung und Lehre entwickelt und ausgebaut wurde, ist die, daß eine zunächst zulässige und begründete Klage nach Rechtshängigkeit unzulässig oder unbegründet wird - meistens unbegründet, weil der Beklagte die verlangte Leistung erbringt, die Hauptsache „sich erledigt". Folge davon wäre,

---

[5] *Rosenberg/Schwab/Gottwald*, § 65 III; *Thomas/Putzo*, Einl.III Rdn.16.

wie gesagt, entweder die Abweisung der Klage bei Aufrechterhaltung des Klageantrags, die Erklärung des Verzichts (§ 306 ZPO) oder die Klagerücknahme (§ 269 ZPO). In all diesen Fällen trüge der Kläger die Kosten des Rechtsstreits.[6] Dies ist jedoch unbillig, wenn der Kläger zunächst mit seinem Obsiegen rechnen konnte.

Der erst 1950 in die ZPO eingefügte § 91 a ermöglicht allerdings eine Kostenentscheidung entsprechend den vor der Erledigung bestehenden Erfolgsaussichten, also zugunsten des Klägers - dies aber nur bei *übereinstimmenden* Erklärungen der Parteien.[7] Widerspricht nun der Beklagte der Erledigungserklärung, ist damit der Weg über § 91 a ZPO versperrt, um jene Kostenentscheidung zu erreichen. Folglich gibt es bei solchen Fallgestaltungen für den Beklagten kaum einen Grund, zusammen mit dem Kläger die Erledigung zu erklären. 71

Die Funktion der unter dem Stichwort der *einseitigen Erledigungserklärung* diskutierten Konstruktionen ist es demgemäß, bei der Erledigung der Hauptsache auch ohne Einverständnis des Beklagten eine gerechte Kostenentscheidung, wie sie § 91 a ZPO beabsichtigt, zu erreichen. 72

Vor der Erörterung der Rechtsnatur der einseitigen Erledigungserklärung sei auf die Frage eingegangen, ob der Beklagte für das Aufrechterhalten seines Klageabweisungsantrags eines besonderen Rechtsschutzinteresses bedarf. Sie ist zu verneinen. Wenn der Beklagte mit einer Klage überzogen wird, hat er stets ein berechtigtes Interesse an deren rechtskräftiger Entscheidung. Das ergibt sich aus der gesetzlichen Wertung des § 269 ZPO, wo dem Beklagten, der sich bereits zur Hauptsache eingelassen hat, das Recht eingeräumt wird, über eine Prozeßbeendigung durch Klagerücknahme mitzubestimmen. 73

c) Bei der Bestimmung der *Rechtsnatur der einseitigen Erledigungserklärung* ist es weniger von Bedeutung, sich einer bestimmten Meinung anzuschließen - die Ergebnisse der verschiedenen Auffassungen sind weitgehend identisch - als vielmehr die Funktion der einseitigen Erledigungserklärung zu erkennen und sie unter Beachtung der daraus herzuleitenden Rechtsfolgen einzuordnen. 74

aa) Nach Auffassung von *A. Blomeyer*[8] und *Pohle*[9] handelt es sich bei der einseitigen Erledigungserklärung um eine *privilegierte Form der Klagerücknahme*. Voraussetzungen der Klagerücknahme nach § 269 ZPO sind zum einen die Erklärung der Rücknahme durch den Kläger 75

---

[6] Nach § 91 ZPO als die unterliegende Partei (das gilt auch bei einem Verzicht nach § 306 ZPO, weil die Klage durch Verzichtsurteil abgewiesen wird) oder nach § 269 III 2 ZPO.
[7] Kurzer historischer Überblick bei *A. Blomeyer*, § 64.
[8] *A. Blomeyer*, § 64 I; ders. JuS 1962, 212, 213.
[9] Festschrift für Maridakis (1963), Bd.2, 427, 452.

und zum anderen, wenn bereits zur Hauptsache verhandelt wurde, die Einwilligung des Beklagten (§ 269 I ZPO). Diese liegt selbstverständlich bei der nur einseitigen Erledigungserklärung nicht vor. Deshalb besteht die Privilegierung der Klagerücknahme einerseits (bei den Voraussetzungen) darin, daß diese Einwilligung für entbehrlich gehalten wird, andererseits (bei den Rechtsfolgen) darin, daß die nachteilige Kostenentscheidung des § 269 III 2 ZPO nicht eintreten soll. Die weitere Folge der Klagerücknahme, nämlich der Wegfall der Rechtshängigkeit, soll demgegenüber akzeptiert werden. - Hier setzt die Kritik[10] an: Stimmt der Beklagte der Erledigungserklärung des Klägers nicht zu, muß das Gericht über die streitige Frage der Erledigung der Hauptsache entscheiden. Bei fehlender Erledigung wäre aber eine Klageabweisung durch das Gericht nicht möglich, wenn durch eine Klagerücknahme die Rechtshängigkeit bereits entfallen ist. Es überzeugt auch nicht, die Rücknahme nur bei tatsächlicher Erledigung als wirksam anzusehen, da Prozeßhandlungen nicht mit außerprozessualen Bedingungen verbunden werden dürfen.

76 bb) Weiterhin wird die einseitige Erledigungserklärung als *Klageverzicht* (§ 306 ZPO) angesehen.[11] Damit sind die Weichen zum Verzichtsurteil gestellt. Es setzt voraus: Die Zulässigkeit der Klage, die Verzichtserklärung des Klägers und den Antrag des Beklagten[12]. Die Folgen des Verzichts: Abweisung der Klage, Kostenlast des Klägers (§ 91 ZPO) sowie vorläufige Vollstreckbarkeit ohne Sicherheitsleistung (§ 708 Nr. 1 ZPO).

Bedenken gegen diese Einordnung ergeben sich daraus, daß der Kläger bei Eintritt eines Erledigungsereignisses außerhalb des Prozesses keinesfalls einräumen will, den Anspruch zu Unrecht erhoben zu haben. Vor allem will der Kläger gerade nicht die Kosten des Verfahrens tragen.[13]

---

[10] *Stein/Jonas/Bork*, § 91a Rdn.39a; *Brox*, JA 1983, 289, 292.
[11] *Nikisch*, S. 260; *Grunsky*, Grundlagen, § 12 III 1.
[12] Von der letzten Voraussetzung wird allerdings entgegen dem Wortlaut des § 306 ZPO mit der Begründung abgesehen, daß der Beklagte kein Rechtsschutzinteresse an einem streitigen Urteil habe (vgl. BGHZ 49, 213, 216).
[13] Dieser letzte Einwand läßt sich freilich ausräumen, wenn man zu einer analogen Anwendung des § 93 ZPO bereit ist. Danach wird der Beklagte bei einem sofortigen Anerkenntnis zwar nach dem Antrag des Klägers verurteilt, der Kläger trägt aber nach § 93 ZPO die Kosten des Rechtsstreits. Dieser Gedanke soll nach einer Ansicht (vgl. *Grunsky*, Grundlagen, § 12 III 1 m.w.Nachw.) auf den umgekehrten Fall übertragen werden, daß die Klage anfänglich zulässig und begründet gewesen und nur durch eine Handlung des Beklagten unbegründet (oder unzulässig) geworden ist.

cc) Nach der wohl verbreitetsten Ansicht ist die einseitige Erledigungserklärung als *Feststellungsantrag* zu verstehen. Begehrt werde die Feststellung, daß die Hauptsache erledigt ist. Das daraufhin zu erlassende Urteil spreche entweder antragsgemäß diese Rechtsfolge aus („Die Hauptsache ist erledigt.") oder weise den Antrag zurück, genauer: die Feststellungsklage ab.

Der prozessuale Weg zum Feststellungsantrag ist die Änderung der ursprünglichen Leistungsklage, hier der Zahlungsklage, in eine Feststellungsklage.[14] Damit taucht ein neues Problem auf. Denn eine Klageänderung muß sich an den Zulässigkeitsvoraussetzungen der §§ 263, 264 ZPO messen lassen. Da naturgemäß eine Einwilligung des Beklagten nicht vorliegt, das erklärte Ziel aber die Zulässigkeit der Klageänderung ist, bieten sich als Zulässigkeitsgründe an: Sachdienlichkeit (§ 263 ZPO)[15], Zulässigkeit nach § 264 Nr. 2 ZPO[16] oder nach § 264 Nr. 3 ZPO[17]. Für alle diese Lösungen gibt es gute Argumente. Will man sich entscheiden, ist es zumindest für die Klausur empfehlenswert, die Klageänderung für sogar gewohnheitsrechtlich zulässig zu halten.[18]

Der Übergang von der Leistungs- zur Feststellungsklage ist danach so oder so zulässig.

dd) Eine weitere Meinung[19] sieht die einseitige Erledigungserklärung als ein *eigenständiges Institut* des Zivilprozeßrechts an. Ähnlich wie nach der Klageänderungstheorie werde auf Antrag des Klägers, für den besondere Zulässigkeitsvoraussetzungen nicht bestehen sollen, festgestellt, ob das erledigende Ereignis die anfangs zulässige und begründete Klage unzulässig oder unbegründet habe werden lassen. Die Erledigung wird dabei lediglich als Vorfrage angesehen, über die im Rahmen eines Zwischenstreits durch Urteil entschieden wird.

d) Von den hier dargestellten vier Möglichkeiten, die einseitige Erledigungserklärung einzuordnen, dürfte das Verständnis der Erledigungserklärung als Feststellungsantrag den erklärten Absichten des Klägers am ehesten gerecht werden. Daß die Klageänderungstheorie die Anwendbarkeit einer gesetzlich geregelten Institution mit einigen dogmatischen Ungereimtheiten erkauft, mag gegen sie und für die Lehre von der einseitigen Erledigungserklärung als eigenständiger

---

[14] *Brox*, JA 1983, 289, 292; *Mössner*, NJW 1970, 175; *Schlosser*, ZPR I, Rdn. 144; *Baumbach/Lauterbach/Albers/Hartmann*, § 91a Rdn. 173; *Thomas/Putzo*, § 91a Rdn.32; *Zöller/Vollkommer*, § 91a Rdn.35.
[15] OLG Saarbrücken, NJW 1967, 2212, 2213.
[16] OLG Nürnberg, NJW-RR 1989, 444; *Zöller/Vollkommer*, § 91a Rdn.35.
[17] *Schlosser*, ZPR I, Rdn. 144.
[18] *Mössner*, NJW 1970, 175, 176.
[19] *Musielak*, Rdn.240; *Rosenberg/Schwab/Gottwald*, § 132 III 3; *Schilken*, Rdn. 637; *Zeiss*, Rdn.504; MünchKomm/*Lindacher*, ZPO, § 91a Rdn.88.

Institution sprechen; denn diese vermeidet zwangsläufig Widersprüche zu den Regelungen der ZPO, indem sie gar nicht erst versucht, den Schein - denn mehr ist es nicht - einer gesetzestreuen Lösung zu wahren.

e) Im Ergebnis ist festzuhalten, daß die einseitige Erklärung, die Hauptsache sei erledigt, als Feststellungsklage zulässig ist.

2. Begründetheit

80 Die Prüfung der *Begründetheit dieser Feststellungsklage* gliedert sich in drei Abschnitte: Der ursprüngliche Antrag muß zulässig gewesen sein, er muß begründet gewesen sein und das erledigende Ereignis muß tatsächlich vorliegen.[20]

a) Aus der Aufgabenstellung läßt sich nichts entnehmen, was Bedenken gegen die *Zulässigkeit der ursprünglichen Klage* begründen könnte. Deshalb wäre es verfehlt, darüber mehr als einen Satz zu verlieren.

81 *b)* In der nächsten Station ist die *Begründetheit der ursprünglichen Klage* zu erörtern. Von hier an verliert die Arbeit den Schrecken, den das zivilprozessuale Thema verursacht.

Der Schadensersatzanspruch des K könnte aus § 823 I BGB folgen.

Da K verletzt ist, ist der Tatbestand erfüllt. Dabei kann es letztlich dahin stehen, ob der Körper oder die Gesundheit des K verletzt ist. Richtig wäre beides anzunehmen, weil Gesundheit nicht nur die körperliche Unversehrtheit, sondern auch das seelische Gleichgewicht umfaßt[21], also der weitere Begriff ist.

Die Ursächlichkeit der Handlung des B für die Verletzung des K kann deshalb zweifelhaft sein, weil K nach dem Zusammenstoß mit B auch von C überfahren wurde. Es gibt demnach zwei Möglichkeiten: Entweder ist die Verletzung des K schon dadurch entstanden, daß er von B erfaßt wurde; dann kann an der Kausalität kein Zweifel bestehen. Oder die Verletzung erfolgte erst beim Überfahren durch C. Bei dieser Konstellation wirkt aber die Handlung des B fort, weil die Verletzung ohne das Anfahren des K durch B nicht eingetreten wäre. Kausalität nach der *Äquivalenztheorie* liegt deshalb vor. Auch den Erfordernissen der *Adäquanztheorie* ist genügt: Bei der hilflosen Lage des K, die B auf jeden Fall hervorgerufen hat, liegt eine weitere unmittelbare Verletzung nicht außerhalb jeder Wahrscheinlichkeit.[22]

---

[20] Ganz h.M; vgl. BGH NJW, 1992, 2235, 2236 m.w.Nachw.; einschränkend *Brox*, aaO.
[21] *Larenz/Canaris*, Schuldrecht II/2, § 76 II 1 a,c; MünchKomm/*Mertens*, BGB, § 823 Rdn.55.
[22] Dazu ausführlich BGHZ 72, 355, 362.

Die Prüfung der Rechtswidrigkeit bereitet regelmäßig wenig 82
Schwierigkeiten, da nach der Lehre vom Erfolgsunrecht die Verletzung eines der Lebensgüter des § 823 I BGB die Rechtswidrigkeit indiziert. Und selbst wenn man die Lehre vom Erfolgsunrecht ablehnt, ergibt sich die Rechtswidrigkeit der Handlung des B daraus, daß er durch Führen eines Kraftfahrzeugs trotz Übermüdung gegen § 315c I Nr.1 b, III StGB verstößt und damit objektiv pflichtwidrig handelt.[23]

Die Feststellung des Verschuldens ist unproblematisch. B hat fahrlässig gehandelt (vgl. § 276 I 2 BGB).

Die ursprüngliche Klage des K gegen B wäre also begründet gewesen.

Als Grundlage des Schadensersatzanspruchs ist ferner an § 823 II 83
BGB in Verbindung mit §§ 230 StGB, 315c I Nr.1 b, III StGB zu denken. Allerdings ist zu beachten, daß bei Schutzgesetzen aus dem Bereich des Strafrechts die strafrechtlichen Lehren maßgeblich sind, ferner, daß die fragliche Norm zumindest auch dem Individualschutz dienen muß.[24]

c) Als letzter Prüfungspunkt bleibt das *erledigende Ereignis*. Es liegt 84
vor, wenn die ehedem zulässige Klage durch ein Geschehen unzulässig oder unbegründet geworden ist. Hier ist die Forderung des K gegen B gemäß § 362 I BGB erloschen. Durch dieses erledigende Ereignis ist die Klage (nach Rechtshängigkeit) unbegründet geworden.

d) Da alle drei Voraussetzungen vorliegen, ist die Klage auf Feststellung der Erledigung der Hauptsache begründet.

3. Kostenentscheidung

Umstritten ist schließlich die Frage, ob sich die Kostenentscheidung 85
nach einer einseitigen Erledigungserklärung aus § 91 ZPO[25] oder aus § 91 a ZPO[26] ergibt. Für § 91 ZPO spricht, daß nach hier vertretener Ansicht ein (nach der Klageänderung) gewöhnlicher Rechtsstreit durch Urteil entschieden wird.

III. Der Grundfall: Die Klage K gegen C

1. Erledigungserklärung

Nachdem C der Erledigungserklärung des K zugestimmt hat, liegen 86
die Voraussetzungen für einen Beschluß nach § 91 a ZPO vor. Zu

---

[23] Zum Ganzen *Esser/Weyers*, § 55 II 3; *Palandt/Thomas*, § 823 Rdn.33.
[24] Vgl. dazu *Palandt/Thomas*, § 823 Rdn. 149.
[25] So BGH NJW 1968, 2243.
[26] So OLG Stuttgart, NJW 1962, 1871, 1872; MünchKomm/*Lindacher*, ZPO, § 91a Rdn.94.

prüfen hat das Gericht nur noch die gewöhnlichen Prozeßhandlungsvoraussetzungen, nicht jedoch, ob und wann das erledigende Ereignis eingetreten ist. Das ist eine Konsequenz der Dispositionsmaxime.[27] Die Frage, ob die Klage anfangs zulässig und begründet war, spielt eine Rolle allein für die Kostenentscheidung. Bei dieser Entscheidung nach billigem Ermessen hat sich das Gericht vorrangig an den allgemeinen Grundsätzen des Prozeßkostenrechts zu orientieren. Maßgebend ist also der hypothetische Prozeßausgang ohne das erledigende Ereignis.

2. Begründetheit der ursprünglichen Klage

87 Zu prüfen sind damit die Erfolgsaussichten der Klage des K gegen C.
Zunächst ist an dieselben Anspruchsgrundlagen zu denken wie bei der Klage des K gegen B, vor allem an §§ 847 I, 823 I BGB. Entscheidend wird erneut die Frage nach der Kausalität. Oben (Rdn. 81) wurde bereits festgestellt, daß zwei Geschehensabläufe denkbar sind, keiner von ihnen jedoch feststeht. Einer der beiden möglichen Geschehensabläufe führt zur Verletzung des K, ohne daß sich darin ein Tatbeitrag des C verwirklicht. Deshalb muß dessen Kausalität verneint werden. Der Anspruch ergibt sich somit nicht aus § 823 I BGB.

88 Als Anspruchsgrundlage ist weiterhin § 830 I 2 BGB zu prüfen. Die drei Voraussetzungen für das Eingreifen dieser Norm hat der BGH[28] wie folgt dargelegt: Zunächst muß bei jedem der in Frage kommenden Beteiligten - hier B und C - ein anspruchsbegründendes Verhalten vorliegen, abgesehen eben von der Nachweisbarkeit der Kausalität. Da B den K angefahren hat und C ihn aufgrund seiner unvorsichtigen Fahrweise überfuhr, ist dies erfüllt. Auch die zweite Voraussetzung, daß einer der Beteiligten den Schaden verursacht haben muß, ist zu bejahen.

89 Schwierigere Fragen ranken sich um das dritte Erfordernis: Es dürfe - so der BGH - nicht feststellbar sein, welcher der Beteiligten den Schaden tatsächlich verursacht hat. Dabei soll es sich nicht um eine reine Beweisregel handeln, sondern um ein sachliches Tatbestandsmerkmal. Geht man davon aus, so ist § 830 I 2 BGB nicht anwendbar, wenn ein sicher haftender Schädiger feststeht.[29] Gerade das ist hier der Fall. Denn das Verhalten des B war ursächlich, B haftet nach § 823 I BGB. - Folgt man dieser Auffassung[30], so ist ein Anspruch des K gegen C abzulehnen. K hätte also den Prozeß verloren. Da die Kostenentscheidung aufgrund von § 91 a ZPO sich nach den anfangs

---

[27] *Thomas/Putzo*, § 91a Rdn.22.
[28] BGHZ 72, 355, 358.
[29] BGH aaO. S. auch BGHZ 67, 14, 19 f.
[30] Zustimmend *Medicus*, Bürgerliches Recht, Rdn. 792a; *Erman/Schiemann*, § 830 Rdn.6; MünchKomm/*Mertens*, BGB, § 830 Rdn.28 m.w.Nachw.

bestehenden Erfolgsaussichten richtet, trägt K die Kosten des Rechtsstreits.

Mit guten Gründen könnte sich der Bearbeiter aber auch anders als der BGH entscheiden.[31] Gegen die Auffassung des BGH spricht zum einen, daß die Adäquanztheorie, die für die Zurechnung eines Erfolgs Wahrscheinlichkeit ausreichen läßt, den Verletzten schützen will. Es geht jedoch zu Lasten des Verletzten, wenn ihm wegen der Wahrscheinlichkeit eines Zweitunfalls ein Anspruch aus § 830 I 2 BGB gegen den Zweitschädiger abgesprochen wird. Zum anderen muß in Frage gestellt werden, ob die Beweisnot tatsächlich eine eigenständige Haftungsvoraussetzung im Rahmen des § 830 I 2 BGB darstellt oder nicht doch allenfalls einen Grund für die Beweiserleichterung. *Deutsch* sieht den Grund für die gemeinsame Haftung der möglichen Alternativtäter vielmehr in deren gemeinschaftlicher Gefährlichkeit gegenüber dem Verletzten. Das ließe es wegen der daraus folgenden Beweisnot als gerechter erscheinen, die Beteiligten gemeinschaftlich haften, sie im Innenverhältnis Ausgleich suchen und damit den C das Risiko einer Insolvenz des B tragen zu lassen.

Legt man diese Auffassung zugrunde, kann man K einen Anspruch aus § 830 I 2 BGB zusprechen. Damit hätte C die Kosten des Rechtsstreits zu tragen.

IV. Die Abwandlung: Die Klage K gegen B

1. Zeitpunkt der Erledigung

Wie bereits eingangs festgestellt, ist in der Abwandlung das erledigende Ereignis nicht erst nach Rechtshängigkeit, sondern schon zwischen Einreichung der Klage und ihrer Zustellung, also im Stadium der Anhängigkeit eingetreten. Da ansonsten keine Änderung nicht vorliegt, kann der Bearbeiter im übrigen nach oben verweisen und sich allein der Frage zuwenden, was das Gericht zu tun hat, wenn bei einseitiger Erledigungserklärung das erledigende Ereignis vor Rechtshängigkeit liegt. Weit mehr als bei der Erörterung über die Rechtsnatur der einseitigen Erledigungserklärung handelt es sich hierbei um einen Streit von erheblicher praktischer Relevanz.

Vor der Abwägung der einzelnen Argumente sollte man sich die Folgen der hier streitenden Auffassungen vergegenwärtigen. Wenn die Erledigung der Hauptsache erst nach Rechtshängigkeit möglich ist, bleibt nur die Abweisung der Zahlungsklage - es sei denn, der Kläger nimmt die Klage zurück. Und der Antrag, die Erledigung der Hauptsache festzustellen, wäre ebenfalls erfolglos. Der Kläger hätte damit die

---

[31] Zum folgenden *Deutsch*, NJW 1981, 2731.

Kosten des Rechtsstreits zu tragen. Läßt man hingegen schon zwischen Anhängigkeit und Rechtshängigkeit die Erledigung der Hauptsache zu, hat das Gericht zu untersuchen, ob die Zahlungsklage bis dahin zulässig und begründet war und ob das erledigende Ereignis eingetreten ist; liegen diese Voraussetzungen vor, ergeht nur noch eine Entscheidung über die Kosten nach § 91 ZPO.[32] - Da beide Auffassungen in Rechtsprechung[33] und Lehre annähernd gleichgewichtig mit guten Argumenten vertreten werden, können Sie sich nach Ihrer Überzeugung einer der beiden Meinungen anschließen. Wichtig ist aber, die entscheidenden Argumente aufzufinden und einzusetzen.

2. Abwägung

93 *a)* Für eine Erledigung der Hauptsache schon vor Klageerhebung spricht zunächst der Grundsatz der Prozeßökonomie.[34] So wäre bei anderer Ansicht die Klage abzuweisen. Wenn jedoch der Beklagte bei Klageeinreichung in Schuldnerverzug war, kann der Kläger die Kosten dieses Rechtsstreits als Verzugsschaden (§§ 284 I 2, 286 I BGB) im Wege der Klageänderung oder in einem neuen Verfahren geltend machen. Dieses weitere Verfahren soll vermieden werden, indem man die Zulässigkeit und Begründetheit der Klage bei deren Einreichung ausreichen läßt. Tatsächlich wäre dann der Streit der Parteien meist in einem einzigen Verfahren vollständig zu bereinigen.

Für die Feststellung der Erledigung und die Kostentragung durch den Beklagten spricht darüber hinaus § 93 ZPO. Allerdings ist diese Vorschrift hier nicht direkt anwendbar. Sie paßt jedoch bei „reziproker" Anwendung: Der Kläger soll die Kosten nicht tragen, wenn der Beklagte zur Klageerhebung Anlaß gegeben hat und der Kläger nach der Erfüllung unverzüglich die Erledigung erklärt.[35]

94 *b)* Seine ablehnende Haltung gegenüber der einseitigen Erledigungserklärung, die auf ein Geschehen vor Eintritt der Rechtshängigkeit gestützt wird, begründet der BGH vor allem damit, daß eine Erledigung des Rechtsstreits schon deshalb nicht möglich sei, weil vor Rechtshängigkeit ein Rechtsstreit gar nicht vorliegen könne. Dem ist entgegenzuhalten: Von einem „Rechtsstreit" spricht ausdrücklich nur

---

[32] So LG Hamburg, MDR 1993, 577; MünchKomm/*Lindacher*, ZPO, § 91a Rdn.42; *Zöller/Vollkommer*, § 91 a Rdn. 42; aA (Kostenscheidung nach § 91 a ZPO) OLG München, NJW 1979, 274; *Baumbach/Lauterbach/Albers/Hartmann*, § 91a Rdn.30; *Stein/Jonas/Bork*, § 91a Rdn. 11, 38; *Thomas/Putzo*, § 91a Rdn.35 f.
[33] Der BGH (NJW 1982, 1598 f; NJW 1990, 1905, 1906 m.w.Nachw.) hat sich allerdings dezidiert für die erste Ansicht entschieden.
[34] So vor allem OLG München, NJW 1979, 274; *Brox*, JA 1983, 289, 293 f.
[35] Ausführlich *J. Blomeyer*, NJW 1982, 2750.

§ 91 a ZPO, der aber hier - auch nach Ansicht des BGH[36] - jedenfalls nicht unmittelbar anwendbar ist; zudem wird in anderem Zusammenhang[37] der Beginn des Rechtsstreits mit dem Beginn der Anhängigkeit gleichgesetzt. Darüber hinaus ist Rechtshängigkeit nur für die Abgabe der Erledigungserklärung zu verlangen; dann erst ist zu entscheiden, ob das vor Rechtshängigkeit eingetretene Ereignis beachtlich ist.[38]

Die Argumente des BGH gegen die Anwendung des Gedankens aus 95 §§ 207, 270 III, 693 II ZPO, wonach die Fiktion der Rückwirkung der Rechtshängigkeit auch für die Erledigung der Hauptsache gelten soll - ein Aspekt, der unterstützend für die soeben unter a) dargestellte Ansicht angeführt wird -, greifen dagegen eher durch. Diese Ausnahmevorschriften sollen den Kläger nur vor einem irreparablen Rechtsverlust schützen, der hier aber nicht droht. Auch angesichts der Gleichstellung von Rechtshängigkeit und Anhängigkeit in neueren Verfahrensordnungen (§ 81 VwGO, § 64 FGO) ist eine Rechtsanalogie nicht zu rechtfertigen. Denn eine Gesetzeslücke, eine planwidrige Unvollständigkeit der ZPO, läßt sich in Anbetracht der jüngsten umfänglichen Änderungen der ZPO, die später als die VwGO und FGO in Kraft getreten sind, nur schwerlich behaupten. Man wird eher davon auszugehen haben, daß der Gesetzgeber die zivilprozessuale Unterscheidung zwischen Anhängigkeit und Rechtshängigkeit aufrechterhalten wollte.

c) Drei Möglichkeiten der Entscheidung bieten sich also an. Will man 96 die Erledigung der Hauptsache feststellen, trägt der Beklagte die Kosten nach § 91 ZPO, da die Klage bei Anhängigkeit zulässig und begründet war und sich erst nach Anhängigkeit die Hauptsache erledigt hat. Hält man den Feststellungsantrag für unbegründet, führt die analoge Anwendung des § 93 ZPO zu demselben Ergebnis.

Schließlich kommt die Abweisung der Klage in Betracht. Die ihm dadurch entstehenden Kosten könnte der Kläger in einem weiteren Prozeß als Verzugsschaden geltend machen.

V. Die Abwandlung: Die Klage des K gegen C

Bei strenger Beachtung der Dispositionsmaxime bereitet dieser Fall 97 keine Schwierigkeit. Gemeinsam können die Parteien über den Streitgegenstand verfügen. Damit hat das Gericht überhaupt nicht zu prüfen, ob und wann das erledigende Ereignis eingetreten ist.[39] Die Entscheidung hier entspricht somit der soeben dargestellten.

---

[36] NJW 1982, 1598 f.
[37] Dazu Rdn. 103.
[38] *Zöller/Vollkommer*, aaO.
[39] *Thomas/Putzo*, § 91a Rdn.22 m.w.Nachw.; s. auch BGHZ 21, 298.

3. Abschnitt

Aufbauproblem:
Hilfsgutachten.

Prozessuale Probleme:
Prozeßvergleich,
Klagerücknahmeversprechen,
Voraussetzungen des Versäumnisurteils,
Rechtskraftwirkungen,
Streitgegenstandsbegriffe,
Beibringungs- und Untersuchungsgrundsatz,
Prüfung von Amts wegen.

Materiellrechtliches Problem:
Der Herausgabeanspruch des Vorbehaltsverkäufers
bei verjährter Kaufpreisforderung.

Fall 3 („Die verlorene Kaufpreisforderung")[1]

98 Im Jahre 1990 verkaufte K dem B einen Kerman-Teppich zum Preis von 3000,-- DM und übergab ihn dem B. Der Kaufvertrag beruhte auf einer schriftlichen „Bestellung" des B. Das Bestellformular enthielt über der Unterschrift des B den Vermerk: „Die Ware bleibt bis zur vollständigen Bezahlung Eigentum des Verkäufers."

B zahlte auf den Kaufpreis nur 150,-- DM. Als K Mitte 1994 den Restkaufpreis einklagte, erhob B die Einrede der Verjährung. Daraufhin wurde die Zahlungsklage rechtskräftig abgewiesen.

Nunmehr verlangt K von B unter Berufung auf den Eigentumsvorbehalt im Klageweg die Herausgabe des Teppichs. In der Klagebegründung weist K ferner darauf hin, daß er den Vorprozeß wegen der Verjährungseinrede des B verloren habe.

Kurz vor dem vom Gericht anberaumten Termin treffen sich K und B, um sich gütlich zu einigen. Sie vereinbaren, daß B den Teppich an K zurückgeben werde. Im Gegenzug verspricht K, die Klage zurückzunehmen. B setzt das Gericht schriftlich von diesem „Vergleich", wie B die Vereinbarung nennt, in Kenntnis und teilt zugleich mit, er werde zu dem Termin nicht erscheinen, da der Prozeß ja ohnehin zu Ende gehe.

Im Termin zur mündlichen Verhandlung beantragt K den Erlaß eines Versäumnisurteils gegen den nicht anwesenden B. Eine außerge-

---

[1] Nach BGHZ 70, 96 ff.

richtliche Einigung, wie sie von B behauptet worden ist, stellt K in Abrede.
Wird das Gericht dem Antrag des K stattgeben?
(**Vermerk**: Falls die Klage für unzulässig gehalten wird, sind die materiellrechtlichen Fragen in einem Hilfsgutachten zu erörtern.)

Lösung

I. Zum Aufbau

Der Aufbau der Lösung ist auf den ersten Blick leicht, weil die Frage am Ende der Fallschilderung allein auf die Voraussetzungen eines Versäumnisurteils gegen den Beklagten gerichtet zu sein scheint.

Dieser Schein trügt allerdings. Denn vorab ist zu klären, ob das Gericht überhaupt noch tätig werden darf. Unter diesem Aspekt ist die Absprache zwischen K und B (Herausgabe des Teppichs, Klagerücknahme seitens des K) von Bedeutung, weil sie die Rechtshängigkeit und damit den Rechtsstreit beendet haben kann. Die Stichworte sind im Sachverhalt angegeben: Falls K und B einen Vergleich geschlossen haben, führt dieser zur Prozeßbeendigung, wenn es sich um einen Prozeßvergleich handelt; ebenso könnte das Klagerücknahmeversprechen, das Teil der Abmachung ist, die Rechtshängigkeit beendet haben - dies allerdings nur, wenn das bloße Versprechen zur Prozeßbeendigung führt, die versprochene Klagerücknahme zu diesem Zweck also nicht mehr notwendig ist.

Die Lösung ist somit in zwei prozessuale Komplexe zu gliedern. Zunächst geht es um das Tätigwerdendürfen, dann um die Form des Tätigwerdens, konkret darum, ob das von K beantragte Versäumnisurteil erlassen werden darf. Für diesen Teil ergibt der Sachverhalt einige Fingerzeige. Denn der Bearbeitungsvermerk läßt erkennen, daß die Zulässigkeit der Klage vielleicht nicht ganz zweifelsfrei und folglich eine Klageabweisung durch Prozeßurteil - statt eines klagestattgebenden Versäumnisurteils - nicht völlig abwegig ist.

Im Hinblick auf das hier angesprochene *Hilfsgutachten* kann nicht oft genug betont werden, daß grundsätzlich nicht zum Mittel des Hilfsgutachtens gegriffen werden sollte. Der Begriff des Hilfsgutachtens zeigt es schon: Das (Haupt-)Gutachten ist hilfsbedürftig, mit anderen Worten schwach, weil es zu seinem Zweck nicht hinreicht. Denn klausurtechnisches Ziel des Gutachtens ist es, einen Sachverhalt umfassend zu erörtern. Sind aber nach der gefundenen Lösung Teile der Fallschilderung überflüssig, werden sie also umgekehrt vom Bearbeiter für „seine" Lösung nicht benötigt, so muß das in ihm Unbehagen erwecken. Um nun eine Lösung anzubieten, die den Sachverhalt ausschöpft, wird mittels eines Hilfsgutachtens komplettiert.

Vergleichbar ist die Sachlage, wenn man im prozessualen Teil einer Arbeit „steckenbleibt". Auch hier bleibt ein ungutes Gefühl, weil doch traditionsgemäß das Prozeßrecht in zivilrechtlichen Klausuren nur eine untergeordnete Rolle spielt (und weil so wiederum meistens die Sachverhaltsangaben, welche die Grundlage der materiellrechtlichen Prüfung bilden sollten, außer Betracht bleiben). Das Hilfsgutachten darf bei solchen Konstellationen nur der allerletzte Ausweg sein. Vorrangig ist in jedem Falle die Frage zu stellen, ob nicht die bislang vertretene Lösung falsch ist. Eine andere Lösung, die den Sachverhalt ausschöpft und auch zur Prüfung materiellrechtlicher Aspekte zwingt, hat unter diesem Aspekt den Anschein der Richtigkeit für sich. Nach dieser Lösung ist deshalb zu suchen.

Die Warnung vor dem Hilfsgutachten gilt in gleicher Weise, wenn in einem Bearbeitungsvermerk auf dieses Mittel hingewiesen wird. Auch dann ist ein Hilfsgutachten nur selten am Platze. In den meisten Fällen soll der Hinweis den Bearbeiter vor Auslassungen schützen. Immerhin impliziert der Vermerk, daß in einem bestimmten, hier sogar umrissenen Bereich („Zulässigkeit der Klage") Aspekte zu behandeln sind, die nicht vorschnell als unproblematisch abgetan werden dürfen.

II. Problematik des Falls

Das Gericht wird, wie gesagt, von einem weiteren Tätigwerden absehen, wenn durch die Vereinbarung zwischen den Parteien die Rechtshängigkeit beseitigt worden ist.

1. Abschluß eines Prozeßvergleichs

102 Mit dem Abschluß eines Prozeßvergleichs endet die Rechtshängigkeit und damit der Rechtsstreit.[2] Diese Konsequenz ist im Gesetz nicht ausdrücklich geregelt. Sie kommt aber in den §§ 81, 83, 160 III Nr. 1 ZPO zum Ausdruck, und auch § 98 ZPO geht von einer Prozeßbeendigung aus. Die Prozeßbeendigungswirkung des Prozeßvergleichs beruht auf dem - zumindest konkludent - erklärten Willen der Parteien und findet ihre Grundlage in der Dispositionsmaxime.

Überhaupt enthält die ZPO keine allgemeinen Bestimmungen über den Prozeßvergleich, er wird vielmehr vorausgesetzt. Nur an einzelnen Stellen wird der Prozeßvergleich erwähnt. So nennt § 794 I Nr. 1 ZPO die Grundvoraussetzungen und fordert § 160 III Nr. 1 ZPO die Protokollierung.

---

[2] BAG NJW 1983, 2212, 2213; *Rosenberg/Schwab/Gottwald*, § 131 II 2; *Zeiss*, Rdn. 509; *Thomas/Putzo*, § 794 Rdn. 26.

Für die Wirksamkeit eines Prozeßvergleichs müssen folgende Voraussetzungen erfüllt sein: 103
a) Ein Prozeßvergleich muß *vor einem deutschen Gericht* abgeschlossen werden (§ 794 I Nr. 1 ZPO).[3]
b) Der Prozeßvergleich muß *zur Beilegung des Rechtsstreits* geschlossen werden (§ 794 I Nr. 1 ZPO).[4]
c) Anders als der Wortlaut des § 794 I Nr. 1 ZPO es vermuten läßt, muß der Prozeßvergleich *zwischen den Prozeßparteien* abgeschlossen werden. Das schließt freilich nicht aus, daß Dritte in den Vergleich miteinbezogen werden.[5]
d) Der Vergleichsgegenstand muß der *Dispositionsbefugnis* der Parteien unterliegen.

Grundsätzlich können die Parteien über jeden Gegenstand des Rechtsstreits einen Vergleich schließen. Die Vergleichsbefugnis geht aber nicht weiter als die Verfügungsbefugnis der Parteien. Dies ergibt sich aus der Regelung des § 1025 I ZPO.[6] Die Verfügungsbefugnis fehlt z.B. in Ehesachen (§§ 612 IV, 617 ZPO); eine Scheidung durch Abschluß eines Vergleiches ist daher nicht möglich.

e) Bei Vergleichsabschluß müssen bestimmte *Formerfordernisse* beachtet werden.

Ein Verstoß gegen Formvorschriften macht den Vergleich als Prozeßhandlung unwirksam.[7] Dies folgt daraus, daß der Vergleich einen Vollstreckungstitel darstellt und das Verfahren beendet. Insoweit muß über den Inhalt des Vergleichs Klarheit herrschen.[8] Diese Klarheit wird durch die Einhaltung der Formvorschriften gewährleistet. 104

Im einzelnen:

aa) Das Gericht muß den Vergleich in das Sitzungsprotokoll aufnehmen (§ 160 III Nr. 1 ZPO).

bb) Der Vergleich ist den Parteien vorzulesen oder zur Durchsicht vorzulegen (§ 162 I 1 ZPO) und bedarf ihrer Genehmigung (§ 162 I 3 ZPO).

cc) Das Protokoll muß vom Richter und vom Urkundsbeamten unterschrieben werden (§ 163 I ZPO).

---

[3] Zu den in § 794 I Nr. 1 ZPO angeführten Sonderformen vgl. MünchKomm/*Wolfsteiner*, ZPO, § 794 Rdn. 109 ff.
[4] Der Rechtsstreit soll hiernach mit der Anhängigkeit, nicht mit der Rechtshängigkeit (s. aber oben Rdn. 94) beginnen und bis zum rechtskräftigen Abschluß fortdauern.
[5] Zur Beteiligung Dritter *Zeiss*, Rdn. 514; MünchKomm/*Wolfsteiner*, ZPO, § 794 Rdn. 50.
[6] RGZ 157, 141, 143; *Rosenberg/Schwab/Gottwald*, § 131 I 5.
[7] *Baur/Grunsky*, Rdn. 148; *Schilken*, Rdn. 650; *Zeiss*, Rdn. 516, 518.
[8] *Schumann*, Rdn. 386; *Zeiss*, Rdn. 516.

105 **Exkurs**: Der Vergleich im materiellen Recht und im Prozeßrecht
Der Vergleich kommt nicht nur im Prozeßrecht vor. Dem mit dem Prozeßrecht wenig Vertrauten ist wahrscheinlich der Vergleich des materiellen Rechts (§ 779 BGB) geläufiger, der von den Beteiligten zur Beseitigung einer Ungewißheit über ein Rechtsverhältnis oder sogar zur Beilegung eines Streits abgeschlossen wird. Wenn eine solche Vereinbarung während eines Rechtsstreits getroffen wird, kommt ihr eine doppelte Bedeutung zu: Zum einen sollen die materiellrechtlichen Unklarheiten aus der Welt geschafft werden. Damit erübrigt sich aber gleichzeitig die Fortführung des Rechtsstreits, der zur Beseitigung dieser Unklarheiten geführt wird; deswegen geht es zum anderen darum, diesen Prozeß zu beenden.

106 Materiellrechtlicher Vergleich und Prozeßvergleich sind so gesehen die Mittel zur Verfolgung eines gemeinsamen Zwecks. Deshalb liegt es nahe, beide miteinander zu verknüpfen. Wo der materiellrechtliche Vergleich unwirksam ist, er also nicht zur Klärung der Streitigkeit führt, soll auch der Rechtsstreit um die nach wie vor klärungsbedürftigen Fragen weitergehen. Dem trägt die *Theorie von der Doppelnatur des Prozeßvergleichs* Rechnung.[9] Danach ist der Prozeßvergleich zugleich materiellrechtliches Rechtsgeschäft (§ 779 BGB) und Prozeßvertrag. Materiellrechtliche Mängel des Vergleichs lassen also die Prozeßbeendigungswirkung entfallen.

Umgekehrt wird man nicht sagen können, daß Mängel des prozessualen Teils (dazu sogleich unten Rdn. 107) generell der Wirksamkeit des materiellrechtlichen Teils entgegenstehen.[10] Denn die Parteien wollen doch in erster Linie einverständlich ihre Streitigkeiten oder Ungewißheiten beseitigen. Dazu dient der Vergleich i.S. des § 779 BGB. Wird hiernach der Prozeß weitergeführt, steht das zu den Parteiabsichten nicht notwendig im Widerspruch. Das Urteil wäre jetzt nämlich auf der Grundlage zu erlassen, die der materiellrechtliche Vergleich geschaffen hat. Es entspräche ihm also, der mit dem Vergleichsabschluß angestrebte sachliche Erfolg wäre somit auch auf diesem Weg erreicht.

107 f) Aus dem soeben Gesagten ergeben sich weitere allgemeine Wirksamkeitsvoraussetzungen. Ist nämlich der Prozeßvergleich auch Prozeßvertrag, sind an ihn die Anforderungen zu stellen, denen jede Prozeßhandlung genügen muß. Zu diesen *Prozeßhandlungsvoraus-*

---

[9] Vgl. BGH NJW 1985, 1962, 1963; *Schilken*, Rdn. 652; *Zeiss*, Rdn. 517 m. Nachw. für die Gegenansicht; a.A. MünchKomm/*Wolfsteiner*, ZPO, § 794 Rdn. 34 mit knapper Darstellung der hierzu vertretenen Theorien.
[10] BAG NJW 1960, 1364 f; BGH NJW 1985, 1962, 1963; *Baumgärtel/Prütting*, S. 66 f; differenzierend *Zeiss*, Rdn. 517.

setzungen gehören die Parteifähigkeit (§ 50 ZPO), die Prozeßfähigkeit (§§ 51, 52 ZPO) und die Postulationsfähigkeit (vgl. § 78 ZPO).[11]

g) Hier scheitert ein Prozeßvergleich schon an der ersten Voraussetzung. Der Vergleich wurde nicht vor einem Gericht in Anwesenheit beider Parteien abgeschlossen. Durch den Vergleich ist der Rechtsstreit also nicht beendet worden.

Bei einer schriftlichen Bearbeitung würde für die Abhandlung dieser Frage ein Satz ausreichen. Eine weitere Problematisierung wäre nicht nur überflüssig, sondern falsch. Die weiteren Voraussetzungen des Prozeßvergleichs sind an dieser Stelle nur der Vollständigkeit halber angeführt. Diese Vollständigkeit darf in Übungs-, auch in Examensarbeiten nicht angestrebt werden. Grundsätzlich sind darum die Voraussetzungen nur schrittweise zu nennen und ist der Sachverhalt sogleich unter jede einzelne zu subsumieren. Die Aufzählung aller (hier: sieben) Erfordernisse mit dem abschließenden kurzen Satz, schon dem ersten in der Aufzählung genannten Merkmal sei nicht genügt, wirkt unbeholfen und erweckt den Eindruck, der Bearbeiter wolle angelesenes Wissen - ohne jeden Fallbezug - präsentieren.

108

2. Klagerücknahmeversprechen

Die Rechtshängigkeit könnte aber durch das Versprechen des K beseitigt worden sein, die Klage zurückzunehmen.

109

Ein solches Klagerücknahmeversprechen enthält die schuldrechtliche Verpflichtung, die Klage zurückzunehmen; es ist zulässig, weil das geschuldete Verhalten - die Klagerücknahme - möglich und rechtlich erlaubt ist (§ 269 ZPO).[12] Eine solche Vereinbarung ist formlos möglich.

Es ist zweifelhaft, ob allein durch das Klagerücknahmeversprechen die Rechtshängigkeit der Klage beseitigt wurde. Die Bedenken resultieren daraus, daß K die Klagerücknahme dem Gericht gegenüber noch nicht erklärt hat (und eine solche Erklärung verweigert), das Klagerücknahmeversprechen aber möglicherweise nur eine *Verpflichtung* zur Klagerücknahme begründet.

---

[11] Ob der Prozeßvergleich in Verfahren vor den Landgerichten und in Familiensachen grundsätzlich dem Anwaltszwang unterliegt, ist allerdings streitig. Man wird die Frage wegen des soeben beschriebenen Charakters des Prozeßvergleichs bejahen können (vgl. auch *Schumann*, Rdn. 386 unter d). Ausführliche Nachw. zu diesem Problem in BGH NJW 1983, 1433 f; NJW 1985, 1962, 1963; NJW 1991, 1743 f.

[12] Allgemein zur Zulässigkeit von Prozeßverträgen, die auf ein prozessuales Verhalten gerichtet sind, BGHZ 28, 45, 49; zum Klagerücknahmeversprechen BGH NJW 1961, 460; 1964, 549, 550; NJW-RR 1987, 307; *Zeiss*, Rdn. 211; MünchKomm/*Lüke*, ZPO, § 269 Rdn. 12.

110　　Die Stellungnahmen zu der aufgeworfenen Frage sind kontrovers. *Schlosser*[13] vertritt die Ansicht, schon das Klagerücknahmeversprechen beseitige die Rechtshängigkeit. Die Rechtsprechung[14] und weite Teile der Literatur[15] gehen von einer bloßen Verpflichtung des Klägers zur Klagerücknahme aus. Nimmt der Kläger die Klage abredewidrig nicht zurück, kann der Beklagte nach der letzten Auffassung eine Widerklage mit dem Antrag erheben, den Kläger zur Klagerücknahme zu verurteilen[16] oder die „Einrede der Klagerücknahmeverpflichtung" erheben; auf diese Einrede hin wird die Klage als unzulässig abgewiesen.

111　　Zur Wiedergabe der Ansichten bieten sich allgemein zwei Möglichkeiten an. Eine von ihnen ist der sogenannte Referatstil: Es werden die verschiedenen Autoren und Gerichte mit ihren unterschiedlichen Ansichten dergestalt „nacherzählt", daß der Name an die Spitze gestellt und ihm eine kurze Schilderung der dazugehörigen Auffassung beigefügt wird. Im günstigsten Fall findet man noch eine Kurzfassung der Argumente, vielleicht sogar eine Ordnung nach inhaltlichen Gemeinsamkeiten. Diese Darstellungsweise ist für Fallbearbeitungen schlecht und sollte auch in Hausarbeiten - in Klausuren findet man sie mangels entsprechenden Detailwissens ohnehin nur selten - vermieden werden. Sie ist regelmäßig die Darstellungsweise der juristisch weniger Gewandten - dies deshalb, weil sie nicht mehr voraussetzt als Lesen, Verstehen, Wiedergeben. Das aber sind Fähigkeiten, die von jedem Studenten erwartet werden können. Der gute Jurist geht einen anderen Weg. Er stellt die Argumente in den Vordergrund, weil allein sie, nicht aber der Name ihres Urhebers den Leser überzeugen können. Daß z.B. der BGH eine bestimmte Ansicht vertritt, ist weit weniger von Bedeutung als die Begründung dieser Ansicht. *Also*: Im Text tauchen die Argumente auf, in den Fußnoten werden sie belegt.

112　　In diesen Zusammenhang gehört die Beanstandung eines weiteren Fehlers. Machen Sie sich stets klar, daß nicht unter eine herrschende Meinung subsumiert wird, sondern unter das Gesetz. Daß etwa ein Prozeßvergleich „zur Beilegung eines Rechtsstreits" schon ab Anhängigkeit geschlossen werden kann, mag man den Regelungen des Prozeßvergleichs insgesamt entnehmen sowie aus dessen Zweck herleiten. Die im Ergebnis gleichlautende Meinung ist zunächst allenfalls ein Indiz für das richtige Ergebnis und sollte abschließend nachgewiesen werden („so auch BGH ...", usw.). Keinesfalls darf es heißen: „Nach herrschender Meinung genügt es, daß ein Rechtsstreit anhängig

---

[13]　Einverständliches Handeln im Zivilprozeß, 1966, S. 71.
[14]　BGH NJW 1961, 460; 1964, 549, 550; NJW-RR 1987, 307; RGZ 102, 217, 218 f; 159, 186, 190.
[15]　Vgl. statt vieler *Rosenberg/Schwab/Gottwald*, § 130 I 2; *Zöller/Greger*, § 269 Rdn. 3.
[16]　Ablehnend *Zöller/Greger*, § 269 Rdn. 3.

Versäumnisurteil

ist. Das ist der Fall. Also ist der Prozeßvergleich zur Beilegung eines Rechtsstreits geschlossen."

Und noch eins: Woher nimmt man eigentlich die Gewißheit, daß 113 eine Meinung die herrschende ist? Genügt es dafür, daß man einige Stellen nachliest und in mehr als 50% der Fälle eine, die danach herrschende Ansicht vertreten wird? Oder verläßt man sich besser auf die Qualifizierung anderer[17]?

Anders gefragt: Wofür ist denn überhaupt von Bedeutung, ob eine Meinung vorherrscht? Die Antwort ergibt sich aus vorhin Gesagtem. Da ein schlechtes Argument nicht dadurch besser wird, daß es von vielen - den meisten - vorgebracht wird, verzichte man auf solche bedeutungslosen Einordnungen. Es reicht aus, den Urheber nachzuweisen.

Die weiteren Überlegungen im vorliegenden Fall könnten demnach 114 etwa wie folgt aussehen:

Es ist zweifelhaft, ob allein durch das Klagerücknahmeversprechen die Rechtshängigkeit beseitigt wurde. Bedenken hiergegen resultieren daraus, daß mit dem Versprechen eben nur eine Verpflichtung zur Klagerücknahme begründet wird, die Rücknahme selbst aber noch aussteht. Ferner läßt sich ein derartiges außergerichtliches Versprechen, die Klage zurückzunehmen, nicht mit der Regelung des § 269 II 1 ZPO vereinbaren. Danach ist zur Beendigung der Rechtshängigkeit durch Klagerücknahme eine Erklärung des Klägers gegenüber dem Gericht erforderlich. Über das Ende eines Rechtsstreits soll bei allen Beteiligten Klarheit herrschen.

Folglich führt das Versprechen des K, die Klage zurückzunehmen, nicht zum Ende der Rechtshängigkeit. Das Gericht muß daher das beantragte Versäumnisurteil erlassen, wenn die Voraussetzungen dafür vorliegen.

Hinweis: Fallkonstellationen wie diese, in denen nach einem Ver- 115 säumnisurteil gegen den Beklagten gefragt wird, sind in Übungen und im Examen relativ häufig. Denn in einer solchen „gemischten Klausur" lassen sich Prozeßrecht (Voraussetzungen des Versäumnisurteils) und materielles Recht (in der Schlüssigkeitsprüfung; vgl. Rdn. 134) in einer Aufgabe verbinden.

3. Voraussetzungen des Versäumnisurteils

Die Voraussetzungen für den Erlaß eines Versäumnisurteils gegen den 116 Beklagten sind:

---

[17] Vgl. etwa *Zeiss*, Rdn. 517, wo die Auffassung von der Doppelnatur des Prozeßvergleichs als herrschend bezeichnet wird.

a) Der Beklagte ist säumig.

Säumnis liegt vor

aa) wenn der Beklagte oder dessen Prozeßbevollmächtigter im Termin nicht erscheint - Handlungen ihres Prozeßbevollmächtigten muß sich die Partei nach § 85 ZPO zurechnen lassen; das gilt gleichfalls für Versäumnisse.[18]

Dem steht die Postulationsunfähigkeit des Beklagten gleich. So kann im Anwaltsprozeß (§ 78 I ZPO) gegen den Beklagten, der ohne Anwalt auftritt, ein Versäumnisurteil ergehen.[19]

bb) Wenn der Beklagte oder dessen Prozeßbevollmächtigter nicht verhandelt (§ 333 ZPO), er insbesondere keinen Sachantrag wie z.B. den Klageabweisungsantrag stellt (vgl. § 137 I ZPO).

cc) Im schriftlichen Vorverfahren, wenn der Beklagte oder dessen Prozeßbevollmächtigter seinen Verteidigungswillen nicht rechtzeitig anzeigt (§ 331 III ZPO).

b) Der Kläger beantragt den Erlaß eines Versäumnisurteils.

c) Ein Versäumnisurteil ist nicht aus besonderen Gründen unzulässig.

Ein Versäumnisurteil ist insbesondere[20] unzulässig in den vier Fällen des § 335 I ZPO:

aa) Nach Nr. 1, „wenn die erschienene Partei die vom Gericht wegen eines von Amts wegen zu berücksichtigenden Umstandes erforderte Nachweisung nicht zu beschaffen vermag".

Verständlich formuliert bedeutet dies: Das Gericht hegt Zweifel am Vorliegen einer Voraussetzung für den Erlaß des beantragten Versäumnisurteils; zur Ausräumung dieses Zweifels verlangt das Gericht den Nachweis, daß die Voraussetzung gegeben ist. Und diese Voraussetzung ist „von Amts wegen zu berücksichtigen". Was bedeutet das? Diese Terminologie knüpft an eine Unterscheidung an, die zum (zivil-)prozessualen Grundwissen gehört. Der oberste Grundsatz der ZPO[21] ist der *Verhandlungsgrundsatz*, auch *Beibringungsgrundsatz* genannt. Der letztgenannte Begriff macht den Inhalt dieses Prinzips deutlich. Es besagt vor allem, daß nur diejenigen Fakten dem Urteil zugrunde gelegt werden dürfen, die von den Parteien „beigebracht" worden sind. Das Gegenstück des Beibringungsgrundsatzes ist der

---

[18] MünchKomm/*v.Mettenheim*, ZPO, § 85 Rdn. 1, 3; *Thomas/Putzo*, § 85 Rdn. 1.
[19] Zu den verfassungsrechtlichen Anforderungen an den Begriff der Säumnis BVerfG NJW 1977, 1443.
[20] Weitere Beispiele bei *Thomas/Putzo*, § 331 Rdn. 4.
[21] RGZ 151, 93, 98; zum Verhandlungsgrundsatz *Schreiber*, JURA 1989, 86 ff.

Versäumnisurteil 49

Untersuchungsgrundsatz oder die *Inquisitionsmaxime*: In deren Geltungsbereich[22] findet eine Amtsermittlung von Tatsachen statt und ist die Wahrheit auch ohne entsprechende Beweisanträge der Parteien zu erforschen.

Zwischen Beibringungs- und Untersuchungsgrundsatz steht die Prüfung von Amts wegen. Sie gilt namentlich (vgl. § 56 I ZPO) für die Prozeßvoraussetzungen[23], allgemeiner gesagt für die Zulässigkeitsvoraussetzungen der Klage.

Inhaltlich steht die Prüfung von Amts wegen dem Beibringungsgrundsatz näher als dem Untersuchungsgrundsatz. Anders als im Geltungsbereich des Untersuchungsgrundsatzes führt das Gericht hier nämlich keine eigenen Ermittlungen durch. Es hat vielmehr lediglich auf solche Bedenken hinsichtlich der Zulässigkeit der Sachentscheidung hinzuweisen (§ 139 II ZPO), die sich aus dem Tatsachenvortrag der Parteien ergeben. Es obliegt dann den Parteien, die Zulässigkeitsvoraussetzungen mit Fakten zu belegen. Gelingt dies im Versäumnisverfahren nicht, ist der Antrag auf Erlaß des Versäumnisurteils zurückzuweisen. Das besagt § 335 I Nr. 1 ZPO.[24]

bb) Nach Nr. 2, falls die nicht erschienene Partei nicht ordnungs- 118
gemäß geladen war.

Die Ladung muß formgerecht (vgl. §§ 166 ff, 497 ZPO) unter Mitteilung der Klageschrift sowie unter Einhaltung der Ladungsfrist (§ 217 ZPO) und der Einlassungsfrist (§ 274 III ZPO) erfolgt sein.

cc) Nach Nr. 3, wenn, kurz gesagt, die nicht erschienene Partei nicht rechtzeitig (§ 132 ZPO) und vollständig informiert worden war.

dd) Nach Nr. 4, wenn im schriftlichen Verfahren dem Beklagten die Notfrist (zum Begriff vgl. § 223 III ZPO) des § 276 I 1 ZPO nicht mitgeteilt oder er nicht über die Rechtsfolge des § 276 II ZPO belehrt worden ist.

d) Fehlt eine der unter a) und c) genannten Voraussetzungen, ist der 119
Antrag auf Erlaß des Versäumnisurteils zurückzuweisen. Falls die Partei erschienen war, nimmt der Prozeß seinen Fortgang; ist ein

---

[22] In der ZPO das Verfahren in Ehe- und Kindschaftssachen (vgl. §§ 616, 640 I ZPO [beachte aber § 616 II ZPO]). Der Untersuchungsgrundsatz gilt ferner im Verfahren der freiwilligen Gerichtsbarkeit (§ 12 FGG) sowie im Verwaltungs- und Strafprozeßrecht (Einzelheiten bei *Schreiber* aaO).
[23] *Baur/Grunsky*, Rdn. 132; *Zeiss*, Rdn. 180; dazu oben Rdn. 36.
[24] Im gewöhnlichen Verfahren hängt die Entscheidung davon ab, wer die Zulässigkeitsvoraussetzungen zu beweisen hat. Trägt der Kläger die Beweislast, trifft ihn das Risiko der Nichtbeweisbarkeit: Die Klage ist mangels des geforderten Nachweises abzuweisen. Im Versäumnisverfahren soll Gleiches bei unbehebbaren Mängeln gelten. Für eine Anwendung des § 335 I Nr. 1 ZPO ist danach nur Raum, wenn die erschienene Partei die beanstandeten Mängel noch beheben kann und will (zu Einzelheiten vgl. MünchKomm/*Prütting*, ZPO, § 335 Rdn. 2 ff; *Thomas/Putzo*, Vorbem. § 253 Rdn. 12 f, § 335 Rdn. 2). Andernfalls wird die Klage durch streitiges Endurteil (sog. unechtes Versäumnisurteil; vgl. Rdn. 123) abgewiesen.

Versäumnisurteil aus besonderen Gründen unzulässig, kann die Verhandlung auch vertagt werden (§ 335 II ZPO).

120 *e)* Der Erlaß des beantragten Versäumnisurteils könnte hier gemäß § 335 I Nr. 1 ZPO unzulässig sein, wenn das *Klagerücknahmeversprechen* ein von Amts wegen zu berücksichtigender Umstand ist. Es kommt somit darauf an, wie das Klagerücknahmeversprechen auf das Verfahren wirkt.

Das Versprechen hat, wie gesagt, nur verpflichtende Wirkung. Es gibt umgekehrt dem Beklagten das Recht, diese Verpflichtung des Klägers geltend zu machen. Demgemäß muß die Klage abgewiesen werden, wenn der Beklagte die „Einrede des Klagerücknahmeversprechens" erhebt. Dabei ist es für das Ergebnis ohne Belang, ob man diese Einrede als Einrede der Arglist oder als Einrede vertragswidrigen Verhaltens[25] versteht. Wichtig ist nur, daß jedenfalls eine Einrede des B im Prozeß notwendig, das Klagerücknahmeversprechen also kein von Amts wegen zu berücksichtigender Umstand (§ 335 I Nr. 1 ZPO) ist.

Somit ist ein Versäumnisurteil nicht nach § 335 I Nr. 1 ZPO unzulässig.

121 Profilierungsversuche dergestalt, daß der Bearbeiter seine Bedenken gegen die eine oder andere Ansicht kundtut, um sich schließlich z.B. für die Einrede vertragswidrigen Verhaltens zu entscheiden, wären hier fehl am Platze. Es gilt, den Fall zu lösen, also zu einem Ergebnis zu kommen. Wenn das Ergebnis so oder so gleichbleibt, reicht diese Feststellung aus.

Diese Empfehlung, die ja auch Zeit sparen hilft und deshalb vor allem in einer Klausur anderweitig erzielbare Punkte „retten" kann, bedarf einer Einschränkung. Führen nämlich mehrere Auffassungen zu demselben Ergebnis, läßt sich diese Identität im Ergebnis aber nur nach langen Ausführungen feststellen, so sollte man sich mehrseitige Ausführungen ersparen, sich sogleich für eine der Ansichten entscheiden und diese alsdann der Fallösung zugrunde legen. Denn der Zweck, der es rechtfertigt, bei verschiedenen Auffassungen mit gleichem Ergebnis die Entscheidung zwischen ihnen offenzulassen, ist doch derjenige, unnötige Zeit- und Arbeitsaufwand zu vermeiden. Spart jene frühe Entscheidung aber Zeit und Arbeit, sollte sie bald getroffen und der „Ballast" anderer Ansichten abgeworfen werden.

122 *f)* Schließlich darf nicht vergessen werden, die *Erfolgsaussichten der Klage* zu prüfen. Denn das Versäumnisurteil ist die Reaktion des Gerichts darauf, daß eine Partei (im Fall: der Beklagte B) im Verhandlungstermin nicht erscheint. Der Beklagte wird verurteilt, weil er säu-

---

[25] Vgl. *Zeiss*, Rdn. 211; *ders.*, Die arglistige Prozeßpartei, 1967, S. 106 m. Nachw.

Versäumnisurteil

mig ist. Genauer: Die ZPO geht davon aus, daß sich der ausbleibende Beklagte gegen die Klage nicht verteidigt, deshalb „ist das tatsächliche mündliche Vorbringen des Klägers als zugestanden anzunehmen" (§ 331 I 1 ZPO).

Das ist andererseits die einzige Erleichterung für den Kläger. Über die Unzulässigkeit oder Unschlüssigkeit seiner Klage hilft die Säumnis des Beklagten nicht hinweg.

Im Rahmen des § 331 I 1 ZPO ist die Klage „schlüssig" oder „unschlüssig". Das bedeutet, daß die zur Begründung des Klageantrags vorgebrachten Tatsachen den Schluß auf die begehrte Rechtsfolge (nicht) zulassen. Von der „Begründetheit" einer Klage spricht man demzufolge erst, wenn im streitigen Verfahren die Verteidigung des Beklagten in die Überlegungen einbezogen worden ist, sie aber gegenüber dem Vorbringen des Klägers erfolglos geblieben ist.

aa) Ein Versäumnisurteil gegen den Beklagten kann somit nur auf eine zulässige und schlüssige Klage hin erlassen werden. Fehlt es an der Zulässigkeit oder Schlüssigkeit, wird die Klage abgewiesen (§ 331 II ZPO). Dieses klageabweisende Urteil trägt dem Umstand Rechnung, daß auch sonst notwendigen Erfordernissen nicht genügt ist. Es ist also ein ganz gewöhnliches Urteil, für das sich der verwirrende Begriff „unechtes Versäumnisurteil" eingebürgert hat. Man sollte in der Terminologie Bescheid wissen, sich aber stets klarmachen, daß dieses Urteil kein Versäumnisurteil ist. Es ergeht ja gerade nicht als Reaktion auf die Säumnis im Termin, was Charakteristikum des „echten" Versäumnisurteils ist. 123

bb) Die Voraussetzungen eines Versäumnisurteils gegen den Kläger sind mit denjenigen eines Versäumnisurteils gegen den Beklagten weitgehend identisch. 124

Ausnahmen gelten
- hinsichtlich der Säumnisvorschrift des § 331 III ZPO; das folgt aus der Stellung dieser Bestimmung in § 331 ZPO (hier ist das Versäumnisurteil gegen den Beklagten geregelt) ebenso selbstverständlich wie aus ihrem Inhalt;
- hinsichtlich des besonderen Unzulässigkeitsgrundes des § 335 I Nr. 4 ZPO, der an § 331 III ZPO anschließt;
- *nicht* hinsichtlich der Zulässigkeitsprüfung (eine unzulässige Klage wird wie sonst auch bei Ausbleiben des Klägers als unzulässig durch Prozeßurteil abgewiesen);
- aber hinsichtlich der Schlüssigkeitsprüfung: Sie findet nicht statt; ist den bisher genannten Erfordernissen genügt, wird die Klage somit ohne Rücksicht auf ihre Schlüssigkeit durch Versäumnisurteil abgewiesen.

Gegen den Kläger kann aber auch ein unechtes Versäumnisurteil ergehen. Es ist das klageabweisende Prozeßurteil bei Unzulässigkeit der Klage.[26]

125 cc) Wie man sieht, ist die Unterscheidung zwischen dem gewöhnlichen „streitigen" Urteil und dem Versäumnisurteil nicht immer einfach. Hat sie überhaupt Konsequenzen? - Sicherlich, dogmatische Kapriolen nur um des Wortes willen sind selten. Die Folgen der Differenzierung sind vielmehr tiefgreifend.
- Grundsätzlich trägt die säumige Partei die Kosten, die durch ihr Ausbleiben entstanden sind (§ 344 ZPO).
- Jedes Versäumnisurteil ist von Amts wegen ohne Sicherheitsleistung für vorläufig vollstreckbar zu erklären (§ 708 Nr. 2 ZPO), bei gewöhnlichen Urteilen gilt dies nur bei Verurteilungen zu relativ geringen Leistungen (bis zu 1500,-- DM in der Hauptsache; § 708 Nr. 11 ZPO).
- Der Rechtsbehelf gegen ein Versäumnisurteil ist der Einspruch (§ 338 ZPO), während gegen das sog. unechte Versäumnisurteil Berufung und/oder Revision statthaft sind.[27]

III. Zulässigkeit und Schlüssigkeit der Klage

1. Zulässigkeit der Klage

Trotz der Säumnis des Beklagten muß das Gericht diejenigen Prozeßvoraussetzungen prüfen, die von Amts wegen zu beachten sind. Prozeßhindernde Einreden - das Wort sagt es schon - werden hingegen nicht von Amts wegen berücksichtigt.

a) Bedeutung des Klagerücknahmeversprechens

126 Wenn in der schriftlichen Mitteilung des B an das Gericht die Erhebung der Einrede des Klagerücknahmeversprechens gesehen werden kann, führt dies zur Unzulässigkeit der Klage. Es kommt also darauf an, ob für die Erhebung einer Einrede schriftliches Vorbringen ausreicht. Wie sich aus der Regelung des § 331 I 1 ZPO ergibt, liegt einem Versäumnisurteil gegen den Beklagten nur das mündliche Vorbringen des Klägers zugrunde.

---

[26] So Rechtsprechung und überwiegender Teil der Literatur; vgl. BGH NJW-RR 1986, 1041; OLG Frankfurt, NJW 1992, 1178; *Jauernig*, § 66 III 2; *Rosenberg/Schwab/Gottwald*, § 107 III 2a, 3b; a.A. *Baumbach/Lauterbach/Albers/Hartmann*, § 330 Rdn.5 (hiernach handelt es sich auch bei dem klageabweisenden Urteil gegen den Kläger stets um ein echtes Versäumnisurteil.

[27] *Schilken*, Rdn. 586; *Thomas/Putzo*, § 338 Rdn. 3.

Mangels Einrede in der mündlichen Verhandlung steht daher das Klagerücknahmeversprechen der Zulässigkeit der Klage nicht entgegen. (Anders wäre zu entscheiden, wenn sich schon aus dem Vorbringen des K ergäbe, daß B die Einrede des Klagerücknahmeversprechens erhoben hat.)

b) Rechtskraft

K und B streiten nicht zum ersten Male. Vielmehr ist über die von K gegen B erhobene Kaufpreisklage schon entschieden: Sie ist rechtskräftig abgewiesen worden, weil der Zahlungsanspruch des K verjährt war.

Solche Vorprozesse sind die Ausgangspunkte, um die Rechtskraftprobleme abzufragen oder - im mündlichen Teil des Staatsexamens - mit dem Kandidaten zu erörtern. Hier gilt es zunächst, die terminologischen und inhaltlichen Unterscheidungen zwischen formeller und materieller Rechtskraft parat zu haben. Formelle Rechtskraft bedeutet Unanfechtbarkeit der Entscheidung (vgl. § 705 ZPO). Die Bindungswirkung im Bereich des materiellen Rechts zwischen den Parteien ist gemeint, wenn von materieller (= inhaltlicher) Rechtskraft die Rede ist.[28]

Hier geht es nicht darum, das erste Urteil anzufechten *(formelle Rechtskraft)*. Die Frage ist nur, ob dieses Urteil für den zweiten Prozeß zwischen K und B maßgeblich ist, ob also sein Inhalt bei der Entscheidung des Rechtsstreits zu berücksichtigen ist *(materielle Rechtskraft)*.

Die Antwort ist in mehreren Stufen vorzubereiten.

aa) Zuerst ist auf § 322 I ZPO zu verweisen. Danach erwächst ein Urteil überhaupt nur in Rechtskraft[29], soweit über den Anspruch entschieden ist. Die materielle Rechtskraft umfaßt also offenbar nicht jede im Urteil getroffene Feststellung. Wie weit geht sie denn? Die Lösung scheint einfach: K hat seinen Anspruch aus § 433 II BGB eingeklagt, den Anspruch hat er nach dem Urteil nicht. Naheliegende Folgerung: Insoweit sei das Urteil nach § 322 I ZPO rechtskräftig, insoweit sei also der Inhalt des Urteils maßgeblich. - Diese Lösung beruht auf der Vorstellung, der „Anspruch" des § 322 I ZPO sei der aus dem materiellen Recht bekannte Anspruch. Diese Prämisse ist unzutreffend, jene Antwort ist also falsch. Denn die ZPO benutzt eigene Begriffe. Zu ihnen gehört auch der des „Anspruchs". Gemeint ist damit der prozessuale Anspruch. Das ist der Gegenstand des Verfahrens, der *Streitgegenstand*.

127

128

---

[28] Statt vieler *Baur/Grunsky*, Rdn. 232 ff; *Zeiss*, Rdn. 554 ff.
[29] Die Formulierung des § 322 I („... sind der Rechtskraft fähig ...") ist einfacher, die hier gebrauchte ist ebenso geläufig und ermöglicht eine Abwechselung in der Formulierung - ein Grund, sie sich zu merken.

129   Damit läßt sich zunächst festhalten, daß nach § 322 I ZPO die Entscheidung über den Streitgegenstand in Rechtskraft erwächst.
Was aber ist „Streitgegenstand"? Die Antwort ist umstritten.[30] Jedenfalls die beiden am häufigsten anzutreffenden Theorien sollten Ihnen geläufig sein.
Der *eingliedrige Streitgegenstandsbegriff* bestimmt den Streitgegenstand allein nach dem Klageantrag (vgl. § 253 II Nr. 2 a.E. ZPO), also den „Beklagten zu verurteilen, an den Kläger 2.850,-- DM zu zahlen".
Warum B dem K diesen Betrag schulden soll, ist in der Klagebegründung anzugeben. Etwa wie in der Sachverhaltsschilderung: „Am 14.01.1990 verkaufte der Kläger dem Beklagten einen Läufer zum Preise von 3000,-- DM ... Der Beklagte hat bislang nur eine Teilzahlung von 150,-- DM geleistet. Mit der Klage wird der noch ausstehende Kaufpreis geltend gemacht."
Dieser Lebensvorgang, der dem neutralen Antrag zugrundeliegt, ist nach dem *zweigliedrigen Streitgegenstandsbegriff* neben dem Antrag das zweite Element des Streitgegenstandes. Beachten Sie also, daß danach die Klagebegründung den essentiellen zweiten Teil des Streitgegenstandes ausmacht.

130   In diesem Zusammenhang ist die Warnung vor falsch verstandener Wissenschaftlichkeit zu wiederholen. Zu beantworten ist die Frage nach dem Herausgabeanspruch des K. Dafür ist es gleichgültig, welcher Theorie man sich anschließt. Führen beide Streitgegenstandsbegriffe zu demselben Ergebnis, reicht diese Feststellung.
Schumann[31] empfiehlt, bei unterschiedlichen Ergebnissen die Streitgegenstandstheorie anzuwenden, die einen reibungslosen Fortgang der Arbeit gewährleistet. Dem kann nur zugestimmt werden. Zum einen sind derart taktische Überlegungen legitim; sie sollten sogar über den Ablauf einer Lösung entscheiden, wenn anderenfalls weite Passagen des Sachverhalts nicht ausgenutzt würden. Zum anderen bewegen sich die Überlegungen zum Streitgegenstand auf einem Niveau, das in einer derart speziellen Frage von Ihnen nicht erwartet wird. Und zu weitgehende Bemühungen würden Zeit kosten, die an anderer Stelle vielleicht dringend benötigt wird.[32]

131   bb) Auf der zweiten Stufe sind die Wirkungen der materiellen Rechtskraft in einem Folgeprozeß anzusprechen.
- Sind die Streitgegenstände des zweiten Prozesses und des Vorprozesses identisch, so ist die zweite Klage unzulässig. Es handelt sich um eine von Amts wegen zu prüfende Prozeßvoraussetzung.

---

[30] Vgl. die Darstellung bei *Schilken*, Rdn. 224 f; *Zeiss*, Rdn. 306 ff.
[31] Rdn. 95.
[32] Argumente für und gegen die Streitgegenstandstheorien bei *Zeiss*, Rdn. 308 ff.

- Wo die Streitgegenstände nicht identisch sind, kann die im Erstprozeß rechtskräftig getroffene Feststellung insbesondere im Rahmen der Schlüssigkeits- oder auch der Begründetheitsprüfung eine Rolle spielen. Wird im Zuge der materiellrechtlichen Prüfung ein Aspekt von Bedeutung, über den im Vorprozeß rechtskräftig entschieden ist, so ist diese Entscheidung zu übernehmen; eine erneute Überprüfung dieses Punktes muß unterbleiben. Man spricht dann von Vorgreiflichkeit oder Präjudizialität.

cc) Hiernach mag man man sich überlegen, wie diese Folgen der materiellen Rechtskraft zu erklären sind. Ausführungen dazu sind in der schriftlichen Arbeit freilich überflüssig; sie dürfen jedenfalls über eine kurze Wiedergabe der sogleich darzustellenden Ansichten nicht hinausgehen und müssen in ein Ergebnis münden. 132

- Die *materiellrechtliche Theorie* folgert die Bindungswirkung der materiellen Rechtskraft aus der Annahme, das Urteil gestalte die materiellrechtlichen Beziehungen zwischen den Prozeßparteien. Die durch das Urteil geschaffene neue Rechtslage ist dann selbstverständlich vom Richter eines Folgeprozesses ebenso zu beachten wie Gesetzesrecht.
- Die *prozessuale Rechtskrafttheorie* begründet die Bindungswirkung rechtskräftiger Feststellungen schlicht mit der Aufgabe der materiellen Rechtskraft. Die Rechtskraft soll eben dazu dienen, divergierende Entscheidungen zu verhindern.

Ob man dies durch ein Verbot jeder neuen Entscheidung über die rechtskräftig entschiedene Frage[33] oder durch das Verbot einer abweichenden Entscheidung[34] begründet, ist für die Lösung von gewissem Belang: Im ersten Fall ist jede Überlegung zu der rechtskräftig getroffenen Feststellung untersagt; im zweiten Fall ist eine Verhandlung und sind damit wohl auch Überlegungen erlaubt, aber deren Ergebnis steht fest, weswegen für die neuerliche Klage das Rechtsschutzinteresse fehlt!

Unterscheiden sich somit die beiden Spielarten der prozessualen Rechtskrafttheorie (nur) in der Überschrift, die dem Prüfungspunkt voranzustellen ist („Verbot neuer Entscheidung" oder „Rechtsschutzinteresse"), so mag man sie kurz darstellen. Eine Würdigung ist entbehrlich.[35] Denn die Ergebnisse sind dieselben: Eine Klage, deren

---

[33] BGHZ 36, 365, 367; 93, 287, 288 f; BGH NJW 1993, 333, 334; *Rosenberg/Schwab/Gottwald,* § 151 III 1 a.

[34] A. Blomeyer, § 88 III 2; zusammenfassend MünchKomm/*Gottwald,* ZPO, § 322 Rdn. 9.

[35] Erlaubt ist aber der kritische Hinweis, daß die Verhandlung über eine im Ergebnis klare Frage ein „Zerrbild" (vgl. *Jauernig,* § 62 III 1) einer mündlichen Verhandlung im Zivilprozeß ist. Allgemeiner: Wenn die Zeit reicht, ist es geschickt, die Vor- und Nachteile im Ansatz unterschiedlicher

Ergebnis als Folge materieller Rechtskraft von vorneherein feststeht, ist unzulässig.

133 Nach allem ist die Herausgabeklage des K unzulässig, wenn die Streitgegenstände der beiden von K gegen B angestrengten Prozesse identisch sind. Hieran fehlt es nach beiden Streitgegenstandstheorien, wenn verschiedene Anträge gestellt sind. Da K im 1. Prozeß einen Zahlungsantrag gestellt hat und jetzt ein Herausgabebegehren verfolgt, sind die Rechtsschutzziele verschieden. Da die Streitgegenstände also nicht identisch sind, ist die Klage auch nicht aus diesem Grunde unzulässig.

Vielfach finden sich in schriftlichen Arbeiten Bemerkungen wie: „Andere Gründe für die Unzulässigkeit der Klage sind nicht ersichtlich" oder: „Zweifel an der Zulässigkeit der Klage bestehen nicht". - Solche Sätze sind überflüssig. Hat nämlich der Bearbeiter Probleme der Zulässigkeit übersehen, so dienen Hinweise wie die angegebenen vielleicht der Selbstberuhigung. Verbleibende Lücken werden durch sie nicht gefüllt. Und hat der Bearbeiter recht, so zeigt sich im Weglassen jener Bemerkung eine gewisse Souveränität.

2. Schlüssigkeit der Klage

134 Hat K einen Anspruch auf Herausgabe des Teppichs?
- Ein solcher Herausgabeanspruch ergibt sich nicht aus §§ 241, 305, 779 BGB. Da K den Abschluß eines Vergleichs vor Gericht leugnet, kann die Vereinbarung nicht zur Grundlage der Entscheidung gemacht werden. Hier zeigt sich deutlich die Konsequenz des § 331 I 1, II ZPO: Nur der mündliche Vortrag des Klägers bildet die Grundlage für ein Versäumnisurteil gegen den Beklagten.
- Als Anspruchsgrundlage kommt ferner § 13 I VerbrKrG in Betracht. Dann müßte zugleich mit dem Kaufvertrag über den Teppich ein Kreditvertrag i.S.v. § 1 II VerbrKrG zwischen K (als Kreditgeber i.S.v. § 1 I 1. Alt. VerbrKrG) und B (als Verbraucher i.S.v. § 1 I VerbrKrG) geschlossen worden sein, der die Lieferung einer Sache zum Gegenstand hat. Daran fehlt es. Denn der Abschluß eines Kreditvertrages liegt nicht schon deshalb vor, weil B den Kaufpreis nur zum Teil gezahlt hat, er also eine schrittweise Abzahlung im Auge hatte. Vielmehr müssen die Parteien K und B eine diesbezügliche Abrede getroffen haben, die explizit einen Zahlungsaufschub beinhaltet. Hierfür gibt der Sachverhalt nichts her.

135 Auch der Eigentumsvorbehalt deutet nicht zwingend auf den Abschluß eines solchen Kreditvertrages hin. Die aufschiebend bedingte Einigung i.S. des § 929 BGB geht zwar regelmäßig mit Käufen unter

---

Theorien aufzuzeigen und schließlich doch die Entscheidung zwischen ihnen offenzulassen.

Schlüssigkeitsprüfung

Zahlungsaufschub bzw. finanzierten Käufen Hand in Hand: Wo der Käufer nicht sofort vollständig erfüllt, will der Verkäufer auch sein Eigentum nicht verlieren. Ebenso findet sich der Eigentumsvorbehalt jedoch dann, wenn der Kaufpreis zwar in einem Zuge vollständig bezahlt wird, die Leistung aber nicht sofort mit Abschluß des Kaufvertrages erfolgt. Die Formulierung, der Verkäufer „behalte sich das Eigentum bis zur vollständigen Bezahlung des Kaufpreises vor", taucht in nahezu jeder Warenrechnung auf.[36]

- Das Herausgabeverlangen ist aber gem. § 346 BGB schlüssig, wenn K den Rücktritt vom Kaufvertrag erklärt hat und ihm ein Rücktrittsgrund zustand. 136

Die Rücktrittserklärung wird man darin sehen können, daß K den Teppich „unter Berufung auf den Eigentumsvorbehalt" herausverlangte. Denn aus dem Eigentumsvorbehalt kann sich ein Rücktrittsgrund ergeben (§ 455 BGB), auf den K seinen Anspruch offenbar stützen will. Dafür aber ist die Rücktrittserklärung das richtige Mittel.

Fraglich ist allerdings, ob sich B mit der Kaufpreiszahlung in Verzug befindet. Mit Erhebung der Kaufpreisklage mag B in Verzug geraten sein (§ 284 I 2 BGB). Der Verzug ist aber jedenfalls dadurch beendet worden, daß sich B mit Erfolg auf Verjährung berufen hat.[37] Daß er die Einrede erhoben hat, folgt aus dem Ergebnis des Vorprozesses; nur auf die Einrede des B (§ 222 I BGB) konnte die Verjährung berücksichtigt werden. Und daß die Einrede begründet war, ergibt sich aus den §§ 196 I Nr. 1, 198, 201 S. 1 BGB i.V.m. § 1 I, II Nr. 1 HGB:. Hiernach war K Kaufmann.

Zwischenfrage: Durfte die Verjährung überhaupt noch geprüft werden oder war diese Prüfung verschlossen, weil die Klageabweisung wegen Verjährung präjudiziell war? - Die Antwort folgt aus § 322 I ZPO. Nur die Entscheidung über den Streitgegenstand (= „Kann K von B aus dem vorgebrachten Sachverhalt noch 2.850,- DM verlangen?") erwächst in Rechtskraft. Das ist die Feststellung: „Aus dem Sachverhalt kann K von B nicht Zahlung von 2.850,- DM verlangen." Warum das so ist, also die Begründung dieses Satzes, ist rechtskraftfrei. Dazu gehört die Feststellung der Verjährung. 137

Das Gericht des Folgeprozesses kann die Verjährungseinrede des B auch beachten. Insoweit spielt die Säumnis ebensowenig eine Rolle wie der Umstand, daß die Verjährungseinrede nicht in diesem Rechtsstreit erhoben worden ist. Denn die Verjährung kann außerprozessual geltend gemacht werden. Alsdann hat das Gericht der Einrede Rechnung zu tragen, wenn sie ihm nur bekannt ist. Diese Kenntnis hat das 138

---

[36] Ob dieser Vorbehalt rechtzeitig erfolgt, ist eine andere Frage. Einzelheiten dazu bei *Palandt/Bassenge*, § 929 Rdn. 29.
[37] Vgl. statt vieler BGHZ 34, 191, 197; 48, 249, 250.

Gericht, weil es von K über die vorausgegangenen Ereignisse informiert worden war.
Somit hat K einen Herausgabeanspruch aus § 346 BGB nicht schlüssig dargetan.
- Auch § 326 BGB scheidet als Rücktrittsgrund aus. B ist nicht (mehr) im Schuldnerverzug.

139 - Schon eingangs ist die materiellrechtliche Problematik mit einem Stichwort vorgestellt worden, das zugleich als Überschrift über den nun folgenden Ausführungen zum Herausgabeanspruch § 985 BGB stehen könnte: Der Herausgabeanspruch des Eigentumsvorbehalts-Verkäufers bei verjährter Kaufpreisforderung. Lesen Sie dazu wenigstens BGHZ 70, 96 ff (die diesem Fall zugrunde liegende Entscheidung) und die Entscheidungsrezension von *Dilcher*, JuS 1979, 331.
Die spezifische Problematik (die schon mehrfach Gegenstand von Examensklausuren war!) im Rahmen des § 985 BGB ergibt sich aus zwei Überlegungen. Zum einen hat K sein Eigentum nicht nach § 929 S. 1 BGB an den Besitzer B verloren, denn die dingliche Einigung ist aufschiebend bedingt, die Bedingung - vollständige Kaufpreiszahlung - ist nicht eingetreten (§ 455 BGB). Die Voraussetzungen des § 985 BGB scheinen damit vorzuliegen. Aber - und damit zum zweiten, ganz wichtigen Gedanken - das Ergebnis ist zweifelhaft. Der Eigentumsvorbehalt soll nämlich den Anspruch auf Zahlung des Kaufpreises sichern. Nach begründeter Verjährungseinrede ist der Kaufpreisanspruch aber gemäß § 222 I BGB nicht mehr durchsetzbar. Daher könnte man zu dem Ergebnis kommen, daß der Eigentumsvorbehalt nach Verjährung der zu sichernden Forderung wegfällt.

140 Dagegen muß berücksichtigt werden, daß der Anspruch trotz Eintritts der Verjährung bestehen bleibt, wenn auch die Erfüllung nicht mehr erzwungen werden kann. Nach § 223 II BGB wird die Sicherungsübertragung von Rechten (z.B. Sicherungsabtretung, Sicherungsübereignung) durch die Verjährung nicht in ihrer Wirksamkeit beeinträchtigt. Die Verjährung einer Forderung, für die eine dingliche Sicherung bestellt wurde, läßt den Fortbestand dieser dinglichen Sicherung also unberührt. Dies muß entsprechend für den Eigentumsvorbehalt gelten, weil er ebenfalls als Sicherungsmittel dient.[38]
Die Verjährung der Kaufpreisforderung ändert daher nichts an der dinglichen Rechtslage. Danach ist K weiterhin Eigentümer.

141 Ein Herausgabeanspruch nach § 985 BGB ist aber dann nicht durchsetzbar, wenn dem Besitzer ein Recht zum Besitz im Sinne von § 986 I 1 BGB zusteht.

---

[38] MünchKomm/*Medicus*, BGB, § 986 Rdn. 14; *Palandt/Bassenge*, § 986 Rdn. 5.

Schlüssigkeitsprüfung

Bevor man an die Beantwortung dieser Frage geht, muß man sich über die prozessuale Situation klar werden. Kann eigentlich das Gericht trotz der Regelung des § 331 II ZPO der Frage nachgehen, ob dem B ein Recht zum Besitz nach § 986 BGB zusteht? Handelt es sich bei § 986 BGB um eine Einrede, so kann ein Besitzrecht des B nur berücksichtigt werden, wenn es einredeweise geltend gemacht wird. Liegt dagegen eine Einwendung vor, ist ein Besitzrecht des Beklagten auch ohne dessen Initiative von Amts wegen zu beachten. Die Einordnung des § 986 BGB ist also vor allem beim Versäumnisurteil gegen den Beklagten von Bedeutung.[39]

Durch § 986 BGB wird die Anwendung des § 985 BGB auf die Fälle des unrechtmäßigen Besitzes beschränkt. Demnach müssen Tatsachen, aus denen sich ein Recht zum Besitz ergibt, als Einwendungen behandelt werden. Dagegen spricht auch nicht, daß § 986 BGB vom Wortlaut her („kann verweigern") als Einrede formuliert ist. § 1004 II BGB kommt nämlich die gleiche Funktion zu wie § 986 BGB. § 1004 II BGB ist aber als Einwendung konzipiert („Der Anspruch ist ausgeschlossen,..."). 142

Eine andere Einordnung wäre im Versäumnisverfahren nicht interessengerecht. Denn sonst müßte der säumige Beklagte zur Herausgabe verurteilt werden, selbst wenn sich aus dem Klägervortrag das Bestehen eines Besitzrechts ergäbe.[40]

Qualifiziert man § 986 BGB als Einwendung, kommt es darauf an, ob dem B ein solches Besitzrecht zusteht. 143

Es könnte in der dinglichen Anwartschaft des B gesehen werden. Dem Anwartschaftsrecht des Vorbehaltskäufers wird man in jedem Fall Wirkung gegenüber Dritten zugestehen können. Im Verhältnis zum Eigentümer soll es aber nicht wirken.[41]

Gegenüber dem Eigentümer ergibt sich beim Kauf unter Eigentumsvorbehalt das Besitzrecht des Vorbehaltskäufers jedenfalls aus dem Kaufvertrag. Dieses Besitzrecht kann K nicht mehr durch Rücktritt gemäß § 455 BGB oder § 326 BGB beseitigen, da durch den Eintritt der Verjährung der Verzug des B beseitigt wurde.

Das bisher erzielte Ergebnis ist merkwürdig. Denn das Eigentum und der Besitz an dem Teppich fallen hiernach auf Dauer auseinander. Mit einer *entsprechenden Anwendung des § 223 I BGB* wird die- 144

---

[39] Siehe unten Rdn. 149 ff.
[40] Zum Ganzen etwa *Baur/Stürner*, SachR, § 11 B I 1; *Schreiber*, SachR, Rdn. 208; MünchKomm/*Medicus*, BGB, § 986 Rdn. 24 f.
[41] *Müller*, SachR, Rdn. 435; a.A. *Schreiber*, SachR, Rdn. 207. Auf den Streit, ob das Anwartschaftsrecht gegenüber dem Eigentümer ein Recht zum Besitz gibt, kommt es dann nicht an, wenn der Vorbehaltskäufer die Zahlung einstellt. Denn dann erlischt das Anwartschaftsrecht (so im Erg. auch *Palandt/Bassenge*, § 929 Rdn. 42).

ses Ergebnis vermieden: Die Vereinbarung eines Eigentumsvorbehalts soll nach seinem Sinn und Zweck, ebenso wie Pfandrecht und Sicherungsübereignung, den Käufer zur Zahlung veranlassen und den Verkäufer bei Ausbleiben der Zahlung sichern. Das vorbehaltene Eigentum des Verkäufers dient ebenso wie die in § 223 I BGB genannten Rechte der Kreditsicherung. Der dort als Rechtsfolge bestimmten Fortdauer des Befriedigungsrechts entspricht die Ausübung des vorbehaltenen Eigentums durch Vindikation, d.h.: das (vorbehaltene) Eigentum des Verkäufers überwindet das Besitzrecht des Besitzers.

4. Abschnitt

Prozessuale Probleme:
Vorprozessuale Aufrechnung und Prozeßaufrechnung,
Rechtsnatur der Prozeßaufrechnung,
Primär- und Eventualaufrechnung,
Rechtshängigkeit durch Aufrechnung,
Einwendungen und Einreden.

Materiellrechtliches Problem:
Materiellrechtliche Wirksamkeit der Aufrechnung trotz
deren prozessualer Unbeachtlichkeit?

Fall 4 („Handwerker mit Schwierigkeiten")

Der Installateur A hat im Neubau des B die Wasserleitungen verlegt. Von der Rechnungssumme stehen noch 5500,-- DM offen. Als A den B vor dem Amtsgericht auf Zahlung des Betrages verklagt, bestreitet B die Berechtigung dieser Forderung. Hilfsweise rechnet er mit einer Schadensersatzforderung in Höhe von 6000,-- DM gegen A auf. Sie resultiert nach dem Vorbringen des B daraus, daß A beim Einbau der Leitungen das Haus des B beschädigt habe.

A tritt Beweis für die klagebegründenden Tatsachen an und weist zutreffend darauf hin, daß B den Schadensersatzanspruch schon in einem anderen Verfahren eingeklagt hat; dieser Prozeß ist noch nicht beendet, darum sei die Aufrechnung unzulässig.

Wie wird das Gericht verfahren?

Abwandlung: Angenommen, B wartet mit seiner Aufrechnung: Er rechnet erst auf, nachdem die Klageforderung feststeht. Jetzt aber weist das Landgericht die Aufrechnungseinrede als verspätet zurück (§ 296 I ZPO). - B meint, sich damit abfinden zu können, weil er nunmehr mit seiner Klage Erfolg haben werde. A hingegen ist der Ansicht, die Forderung des B sei wegen § 389 BGB erloschen, denn aus materiellrechtlicher Sicht sei die Aufrechnung in Ordnung.

Wie wird der Erstprozeß entschieden?

Lösung

I. Zu Sachverhalt und Fragestellung

An die Lösung dieses Falles macht man sich nur widerwillig. Zum einen erscheint der Sachverhalt auf den ersten Blick unvollständig.

Weder wird etwas dazu gesagt, ob der Vergütungsanspruch des A auch in Höhe der noch offenen 5500,-- DM besteht (die Rechnung könnte auch übersetzt sein, weil A einen höheren Betrag als den vereinbarten oder üblichen [§ 632 II BGB] in Rechnung gestellt hat), noch finden sich Ausführungen zur Begründetheit der Schadensersatzforderungen des B. Letzteres freilich darf im Ergebnis nicht stören, scheinbar vorhandene Lücken insoweit müssen sofort mit Mitteln der ZPO geschlossen werden. Denn der Kläger A bestreitet gar nicht, daß er dem B anläßlich der Installationsarbeiten den geltend gemachten Schaden zugefügt hat. Folglich ist dieses Vorbringen des B „unstreitig" und der Würdigung zugrundezulegen (§ 138 III ZPO).[1]

Zum anderen ist die Fragestellung ungewohnt. Darauf eingestellt, nach dem Erfolg eines Begehrens gefragt zu werden, soll nun das gerichtliche Verfahren als solches prognostiziert werden.

Zwischendurch: Mir sind - zugegebenermaßen selten - Klausuren in die Hand gekommen, die solche Fragestellungen zum Anlaß nahmen, an der Formulierung herumzumäkeln. So sei es gar nicht voraussehbar, wie das Gericht verfahren werde, weil man nicht wisse, ob sich der/die Richter in der ZPO überhaupt auskennen; richtig müsse deshalb nach der gesetzmäßigen Verfahrensweise gefragt werden. -

Derartige Kritiken sind naiv und taktisch unklug. Was der Aufgabensteller gemeint hat, ist offensichtlich. Ihn durch Beckmesserei zu verärgern, ist einer wohlwollenden Beurteilung nicht gerade förderlich.

II. Rechtliche Überlegungen

147 Die richtigen Schritte zur Lösung müssen darin bestehen, die vorgegebene Prozeßsituation zu erfassen und die möglichen Alternativen durchzudenken. Dabei dürfen Sie nicht aus dem Auge verlieren, daß der Prozeß nicht Selbstzweck ist. Es geht letztlich darum, über die Klage des A zu befinden. Diese Entscheidung hängt im Vorfeld von der Stellungnahme zu zwei Problemkreisen ab, nämlich
- ob dem A der Beweis für das Bestehen seiner Forderung gelingt und
- ob die Aufrechnung des B durchgreift.

148 Ein Teufelskreis! Denn zu dem ersten der beiden Punkte können sie gerade nicht Stellung nehmen, weil die klagebegründenden Tatsachen weder unstreitig noch bewiesen sind. Damit steuern Sie offenbar auf alternative Lösungen zu. Allerdings bietet sich ein Ausweg aus diesem Dilemma. Falls die Aufrechnung durchgreift, könnte man die Klage so oder so abweisen: Selbst wenn die Werklohnforderung bestanden hätte, wäre sie „jedenfalls durch die Aufrechnung erloschen" (§ 389 BGB)! Damit sind wir freilich schon inmitten der Problematik.

---

[1] Zum Verhandlungsgrundsatz oben Rdn. 117.

Gehen wir aber Schritt für Schritt vor:
Sehen Sie sich als Bearbeiter eines Prozeßrechtsfalles mit einer Aufrechnung konfrontiert, so ist es unerläßlich, daß Sie sich über die Bedeutung einer solchen Aufrechnung Klarheit verschaffen.
Dabei ist zu unterscheiden:

1. Aufrechnung außerhalb des Prozesses
Der Beklagte macht im Prozeß eine bereits außerhalb des Prozesses erklärte Aufrechnung geltend.
Dann liegt die rechtsvernichtende Einwendung vor, der Klageanspruch sei durch die Aufrechnung erloschen (§ 389 BGB).
Ist Ihnen die Differenzierung zwischen Einwendungen und Einreden geläufig? Sie ist nicht ganz einfach. Einwendungen sind materiellrechtliche Gegenrechte. Sie werden nach ihrer Wirkung unterschieden. Es gibt rechtshindernde (das Recht entsteht nicht; Beispiel § 138 BGB), rechtsvernichtende (das entstandene Recht wird nachträglich vernichtet; Beispiel § 142 I BGB) und rechtshemmende Einwendungen (das entstandene Recht wird in seiner Durchsetzung gehemmt). Nun liegt es nahe, daß eine solche Hemmung unterschiedlich sein kann. Sie kann dauernd sein; dann spricht man auch von einer peremtorischen Einwendung (Beispiel: Verjährung, § 222 BGB). Sie kann aber auch nur zeitweilig sein; dann spricht man von einer dilatorischen Einwendung (Beispiel: Stundung, vgl. § 271 BGB).
Ließ sich alles das noch recht gut merken, so kommt es jetzt wahrscheinlich zu Irritationen. Denn in der *materiellrechtlichen Begriffsweise* werden die rechtshemmenden Einwendungen auch als Einreden bezeichnet. Sie müssen also „eingeredet" werden, d.h. sie werden nur berücksichtigt, wenn der Berechtigte sich auf sie beruft (vgl. § 222 I BGB).
Die Einrede gibt es aber auch im Prozeßrecht. In der *prozessualen Terminologie* liegt eine Einrede vor, wenn der Beklagte sich mit dem Vorbringen von solchen Tatsachen verteidigt, welche die vom Gegner erstrebte Rechtsfolge ausschließen.[2]
In unserem Fall ist die rechtsvernichtende Einwendung der Aufrechnung (i.S. des materiellen Rechts) also eine Einrede i.S. der ZPO.[3]

2. Aufrechnung im Prozeß
Der Beklagte erklärt die Aufrechnung erstmals im Prozeß.
Das ist die „eigentliche" Prozeßaufrechnung.[4] Nach dem, was soeben zu den Begriffen Einwendung und Einrede gesagt worden ist,

---
[2] *Baur/Grunsky*, Rdn. 134; *Zeiss*, Rdn. 385.
[3] Eine gute Darstellung hierzu finden Sie bei *Medicus*, Bürgerliches Recht, Rdn. 731-749.

liegen jetzt eine materiellrechtliche Einwendung und zugleich eine prozessuale Einrede vor. Demgemäß soll es sich hier um einen Doppeltatbestand handeln.[5] Denn mit der Aufrechnungserklärung im Prozeß nimmt der Beklagte eine Prozeßhandlung vor und macht gleichzeitig von einer materiellrechtlichen Gestaltungsbefugnis (§§ 389, 388 BGB) Gebrauch.

Gestützt wird diese Ansicht vom Doppeltatbestand der Prozeßaufrechnung durch den Wortlaut der gesetzlichen Bestimmungen, in denen die Prozeßaufrechnung angeführt ist. So ist in den §§ 209 II Nr. 3, 215 BGB von der „Geltendmachung der Aufrechnung im Prozeß" die Rede. Auch die ZPO spricht in den Bestimmungen der §§ 145 III, 302, 322 davon, daß „der Beklagte die Aufrechnung mit einer Gegenforderung geltend macht". Jeweils wird also unterschieden zwischen der Aufrechnung als materiellrechtlicher Einwendung und dem prozessualen Verteidigungsmittel, der Einrede i.S. der ZPO. Eine rein prozessuale Betrachtung ist somit verfehlt.[6,7]

151 Die prozessuale Theorie, wonach die Prozeßaufrechnung allein den Voraussetzungen des Prozeßrechts genügen muß, ist überholt. Gleichwohl sollte man sie kennen - und gegebenenfalls mit den vorstehenden Argumenten ablehnen. Auch hier gilt aber der Rat, sich nicht voreilig für eine der Theorien - hier: die Theorie vom Doppeltatbestand - zu entscheiden.

Voreilig in diesem Sinn handelt man dort nicht, wo die Ansichten zu divergierenden Ergebnissen gelangen. Das kann in den folgenden Fällen geschehen:

a) Nach § 388 BGB kann allein der Inhaber einer Forderung die Aufrechnung erklären. Als reine Prozeßhandlung dagegen kann die Aufrechnung auch von Dritten vorgenommen werden, z.B. durch den verklagten Bürgen oder den Nebenintervenienten.[8]

b) Die Aufrechnungserklärung als materiellrechtliche Willenserklärung kann nur unter den Voraussetzungen der §§ 119 ff BGB beseitigt werden. Eine Prozeßhandlung ist demgegenüber grundsätzlich frei widerruflich.[9]

---

[4] Vgl. meinen Aufsatz in JA 1980, 334.
[5] Vgl. BGHZ 23, 17, 23; BGH NJW 1984, 357, 358; MünchKomm/*Peters*, ZPO, § 145 Rdn. 19; *Schilken*, Rdn. 433; *Schlosser*, ZPR I, Rdn. 324; *Zeiss*, Rdn. 390.
[6] So aber die sog. prozessuale Theorie; vgl. *Enneccerus/Lehmann*, § 69 III 1; *Nikisch*, Festschrift für Lehmann, 1956, Bd. 2, S. 765.
[7] Vergleichen Sie damit die Rechtsnatur des Prozeßvergleichs (oben Rdn. 105). Insoweit geht man gerade nicht von einem Doppeltatbestand, sondern von einer Doppelnatur aus.
[8] *Thomas/Putzo*, § 145 Rdn. 15.
[9] Zu den Ausnahmen *Thomas/Putzo*, Einleitung III Rdn. 22.

c) Materiellrechtliche Willenserklärungen können auch während eines Verfahrensstillstands wirksam abgegeben werden. Für Prozeßhandlungen sieht § 249 II ZPO aber Einschränkungen vor.[10]

3. Prozeßaufrechnung des B

Im Aufrechnungswege macht B seinen Schadensersatzanspruch erstmals geltend. Es handelt sich also um eine Prozeßaufrechnung im eigentlichen Sinne. Zu ihrer Wirksamkeit muß somit den Erfordernissen genügt sein, die das Prozeßrecht an die Wirksamkeit von Prozeßhandlungen stellt (Prozeßhandlungsvoraussetzungen); nach der Theorie vom Doppeltatbestand sind zusätzlich die Voraussetzungen des BGB (§§ 387 ff) zu prüfen. 152

In welchem Abschnitt des Prozesses findet diese Prüfung statt? Die Antwort scheint auf der Hand zu liegen. Da es sich bei der Aufrechnung um ein Verteidigungsmittel handelt, darf der Angriff (die Klage) keinen Erfolg haben, falls die Aufrechnung durchgreift. Also soll die Aufrechnung zu prüfen sein, bevor der Klage stattgegeben wird. - Diese Lösung hat einen Nachteil für den Kläger. Denn der Beklagte könnte so den Prozeß verschleppen: er „erfindet" eine Forderung, stellt sie zur Aufrechnung, der Kläger bestreitet, das Gericht erhebt Beweise ... Dem wirken die §§ 145 III, 302 ZPO entgegen. Ist der Prozeßstoff neu, steht die Aufrechnungsforderung mit der Hauptforderung nicht „in rechtlichem Zusammenhang" (§§ 145 III, 302 I ZPO), so kann zunächst nur über die Klageforderung verhandelt und entschieden werden.

Das ist hier nicht möglich. Klage- und Aufrechnungsforderung resultieren beide aus dem Werkvertrag. Denn B macht gegen A einen Anspruch aus positiver Forderungsverletzung geltend. Darum bleibt es bei dem Grundsatz, daß die Aufrechnung vor einem Urteil, das über die Klage entscheidet, anzusprechen ist.

4. Voraussetzungen der Prozeßaufrechnung

Für eine wirksame Prozeßaufrechnung müssen die folgenden materiellrechtlichen und verfahrensrechtlichen Voraussetzungen vorliegen: 153

a) Wegen des prozessualen Tatbestandes, der „Einrede" i.S. der ZPO, die *Prozeßhandlungsvoraussetzungen*.

b) Wegen des materiellrechtlichen Tatbestandes, der rechtsvernichtenden Einwendung i.S. der materiellrechtlichen Terminologie:

aa) müssen die Forderungen, die aufgerechnet werden sollen, im *Gegenseitigkeitsverhältnis* stehen (§ 387 BGB), d.h. der Schuldner der einen muß der Gläubiger der anderen Forderung sein;

---

[10] Vgl. BGH NJW 1984, 357, 358; *Schreiber*, JA 1980, 344, 345.

bb) müssen die gegenseitig geschuldeten Leistungen *gleichartig* sein (§ 387 BGB);
cc) muß die *Aktivforderung fällig* sein (§ 387 BGB);
dd) muß die *Passivforderung erfüllbar* sein (§ 387 BGB);
ee) darf *kein Aufrechnungsausschluß* vorliegen.

154 c) Keine besonderen Probleme tauchen auf, wenn der Beklagte ausschließlich zum Verteidigungsmittel *Einrede der Aufrechnung* greift. Dieser Fall der Primäraufrechnung ist freilich in der Praxis selten (und deshalb auch kaum jemals Gegenstand einer Aufgabe aus dem Bereich des Zivilprozeßrechts). Denn üblicherweise versucht der Beklagte seine Forderung „zu retten": Weil auch sie durch die Aufrechnung erlöschen (§ 389 BGB) und diese Wirkung sogar rechtskräftig festgestellt werden würde (§ 322 II ZPO), will der Beklagte die Klage zunächst auf anderem Weg zu Fall bringen. So kann er die klagebegründenden Tatsachen bestreiten - wie hier geschehen - oder materiellrechtliche Einwendungen vorbringen. Nur hilfsweise, eventuell, und gleichsam als letztes Mittel soll die Aufrechnung zum Tragen kommen.
So auch in unserem Fall[11], der damit die für Übung und Examen typischen Aufrechnungsprobleme zur Debatte stellt.

155 d) Prüfen wir die Voraussetzungen der Prozeßaufrechnung.
aa) Wie steht es zunächst um die „Prozeßhandlung Aufrechnungseinrede", die doch unter der Bedingung vorgenommen wurde, daß andere Einreden nicht zum Erfolg führen?
Prozeßhandlungen sind grundsätzlich bedingungsfeindlich. Sie führen nämlich zu einer Verfahrensgestaltung.[12] Unsicherheiten darüber, ob nun gestaltet ist oder nicht, sind darum zugleich Unsicherheiten über die Prozeßentwicklung. Solche Unsicherheiten sind nicht hinnehmbar. Andererseits ergeben sich aus diesem Zweck des Bedingungsverbotes dessen Grenzen. Wo der Eintritt der Bedingung klar festzustellen ist, weil es sich um ein innerprozessuales Ereignis handelt, ist deren Beifügung zulässig. Man spricht alsdann von einer *innerprozessualen Bedingung*.
Darum handelt es sich hier. Denn die Bedingung für das Wirksamwerden der Prozeßaufrechnung ist der Mißerfolg der anderen Verteidigungsmittel; dieser Mißerfolg wird vom Gericht innerprozessual konstatiert.

156 bb) Bedingungsfeindlich ist nach § 388 S. 2 BGB auch die materiellrechtliche Gestaltungserklärung. Ebenso wie das Bedingungsverbot

---
[11] Übrigens nimmt man eine solche Eventualstellung stets an, wenn der Beklagte neben der Aufrechnung andere Einreden im prozessualen Sinne erhebt. Ausdrücklich muß der Wille, nur hilfsweise aufzurechnen, also nicht einmal erklärt werden!
[12] Vgl. *Zeiss*, Rdn. 216; *Thomas/Putzo*, Einleitung III Rdn. 14.

für Prozeßhandlungen greift § 388 S. 2 BGB von seinem Zweck her nicht ein, die Vorschrift ist folglich teleologisch zu reduzieren.[13] Denn auch der Zweck des § 388 S. 2 BGB geht dahin, Unklarheiten zu vermeiden. Weil diese Unklarheiten hier nicht auftauchen bzw. innerprozessual beseitigt werden, ist die beigefügte Bedingung zulässig.

In diesen Bereichen, die in Rdn. 153, 155 abgehandelt worden sind, herrscht nur im Ergebnis Einigkeit. Umstritten sind hingegen der Inhalt der Bedingung und die Begründung für deren doppelte Zulässigkeit. Zum einen wird angenommen, die Aufrechnung sei durch die Feststellung des Bestandes der Gegenforderung bedingt (was m.E. falsch ist, weil die Hauptforderung Voraussetzung für die Aufrechnung ist). Zum anderen soll eine Bedingung dieses Inhalts bloße Rechtsbedingung sein. Der Streit ist müßig, dennoch sollte man ihn in seinen Grundzügen kennen. Lesen Sie darum *Rosenberg/Schwab/Gottwald*, § 105 II 2.

cc) An dieser Stelle ist das dritte Problem jeder Hilfsaufrechnung angesiedelt. Es beruht freilich wiederum auf einem Streit, der eigentlich den Namen nicht mehr verdient, weil heute nur noch eine Ansicht vertreten wird. Konkret geht es um die Frage, ob der Bestand der Hauptforderung festzustellen ist. Die Antwort scheint auf der Hand zu liegen: Wo keine Hauptforderung, da keine Aufrechnung - folglich ist die Hauptforderung zu prüfen und zu bejahen, damit von einer erfolgreichen Aufrechnung gesprochen werden kann. Das ist so richtig, wenn man nur eine, nämlich die materiellrechtliche Seite betrachtet. Indessen schreibt § 300 I ZPO den Erlaß des Urteils vor, sobald Erfolg oder Mißerfolg der Klage feststehen. Von daher wäre die Klage abweisungsreif. Denn entweder besteht die Klageforderung gar nicht, oder sie wäre durch die Aufrechnung erloschen. Das war der Standpunkt der überholten *Klageabweisungstheorie*.[14] Diese scheinbar prozeßökonomische Lösung läßt sich jedoch mit § 322 II ZPO nicht vereinbaren. Es wird nämlich nicht klar, ob die zur Aufrechnung gestellte Forderung verbraucht ist. Zur Prüfung dieser Frage wäre daher ein neuer Prozeß erforderlich.[15]

157

Nach der sog. *Beweiserhebungstheorie* muß deshalb über die streitige Klageforderung Beweis erhoben werden.[16] Es kommt daher nur nach der (positiven) Entscheidung über die Klageforderung zu einer weiteren Prüfung der Aufrechnung.

158

In unserem Fall ist demnach das Bestehen der Klageforderung notfalls durch Beweisaufnahme zu klären.

---

[13] *Schlosser*, ZPR I, Rdn. 329.
[14] OLG Braunschweig, OLGRspr. 16, 115.
[15] *Schreiber*, JA 1980, 344, 346.
[16] BGH LM Nr. 21 zu § 322 ZPO; *Baur/Grunsky*, Rdn. 135; *Schilken*, Rdn. 434; *Schreiber*, JA 1980, 344, 346; *Thomas/Putzo*, § 145 Rdn. 15.

III. Lösung des Falls

Da wir nicht wissen, ob die Klageforderung besteht, ist zweigleisig fortzufahren.

a) Stellt das Gericht fest, die Klage sei unabhängig von der Aufrechnung unbegründet, ist die Klage aus diesem Grund abzuweisen.

b) Besteht die Klageforderung, ist in der im übrigen unproblematischen Prüfung der Aufrechnungsvoraussetzungen fortzufahren.

159 Wie steht es nun mit der Rechtsansicht des A, die Aufrechnung sei unzulässig, weil bereits ein Rechtsstreit schwebt, in dem der jetzt aufgerechnete Anspruch eingeklagt ist?

Wieder ist der Sachverhalt wenig ergiebig. Eingekleidet in das Vorbringen des A werden die Fakten mitgeteilt, die zu würdigen sind. Auch findet sich ein Fingerzeig auf ein denkbares Ergebnis dieser Würdigung („Unzulässigkeit der Aufrechnung"). Weiteres fehlt.

Um den richtigen Ansatz zu finden, ist es hilfreich, sich die Konsequenzen vor Augen zu führen, die bei einer zulässigen Aufrechnung einträten. Es würden zwei Gerichte mit derselben Frage befaßt, die Gerichtsbarkeit würde also doppelt belastet. Und es besteht die Gefahr zweier divergierender Entscheidungen.

Beides wird normalerweise durch die Rechtshängigkeitssperre verhindert: Nach § 261 III Nr. 1 ZPO ist eine Klage mit demselben Streitgegenstand unzulässig, solange vor einem anderen Gericht eine identische Klage rechtshängig ist.[17] Wenn dies auch für die Aufrechnung gälte, wäre die Aufrechnung hier unzulässig.

160 Die hier angeschnittene Aufrechnungsproblematik kann sich in drei Varianten stellen, in denen dieselbe Forderung jeweils zweifach und parallel geltend gemacht wird, nämlich

(1.) erst Klage, dann Aufrechnung (so unser Fall);
(2.) erst Aufrechnung, dann Klage;
(3.) doppelte Prozeßaufrechnung.

Überwiegend wird eine einheitliche Lösung für alle aufgezeigten Fallgestaltungen vorgeschlagen, indem einmal die Möglichkeit, einen Anspruch durch Aufrechnung rechtshängig zu machen, generell verneint[18] oder bejaht[19] wird. Zudem wird eine differenzierende Lösung dergestalt befürwortet, daß bei einer Kollision von Klage und Prozeßaufrechnung mit derselben Forderung die Klage stets unzulässig sei.[20]

---

[17] Zu den Streitgegenstandbegriffen Rdn. 127 ff.
[18] BGHZ 57, 242 ff; BGH NJW 1994, 379, 380; MünchKomm/*Peters*, ZPO, § 145 Rdn. 29; *Thomas/Putzo*, § 145 Rdn. 20.
[19] *Heckelmann*, NJW 1972, 1352.
[20] Vgl. *Zeiss*, Rdn. 394 f.

Der BGH beruft sich auf den Wortlaut des § 261 ZPO. Wenn danach durch die Erhebung der Klage die Rechtshängigkeit begründet werde, so lasse das nur den Schluß zu, daß die im Wege eines Verteidigungsmittels erhobene Forderung eben nicht rechtshängig werde. Auch paßten die §§ 269, 265, 263 ZPO, in denen die Rechtshängigkeit angesprochen wird, nicht für die Aufrechnung. Bejahe man die Rechtshängigkeit, so würde das - nach Ansicht des BGH - folglich zu einer unbilligen Beschränkung der Verteidigungsmöglichkeit führen. Daher setzt der BGH auch den Fall der Aufrechnung nach Klageerhebung dem Fall der Aufrechnung vor Klageerhebung gleich. 161

Die Argumente leuchten auf den ersten Blick ein. Sie sollten sie sich merken und jedenfalls heranziehen, um die gegenteilige Pauschallösung abzulehnen. Die differenzierende Ansicht läßt sich hingegen nicht so leicht vom Tisch wischen. Für ihre Richtigkeit spricht sogar einiges. Denn es ist, wie gesagt, der Sinn des § 261 III Nr. 1 ZPO, eine mehrfache Inanspruchnahme der Gerichtsbarkeit wegen derselben Sache zu verhindern. So ist zugleich die Gefahr einander widersprechender Entscheidungen als mögliche Folge einer doppelten Beschäftigung mit demselben Anspruch weitgehend ausgeschaltet. Damit korrespondiert das Interesse des Schuldners, sich gegen dieselbe Forderung nicht in mehreren Prozessen verteidigen zu müssen. Das gilt vor allem, weil die Aufrechnung nichts weniger ist als die Selbstbeitreibung einer Forderung. Deshalb muß der Schuldner bemüht sein, eine sofortige „Vollstreckung" der Gegenforderung zu verhindern.

Hier kommt man mit den beiden gut vertretbaren Auffassungen zu demselben Ergebnis, wenn es um das Schicksal der Aufrechnung im Folgeprozeß geht: Sie ist zulässig. 162

Stellt sich heraus, daß die Klageforderung besteht, greift also die Aufrechnungseinrede durch. Die Klage des A wird abgewiesen - und zwar auch im Hinblick auf die Aufrechnungsforderung, soweit sie durch die Aufrechnung verbraucht ist (5500,-- DM), mit Rechtskraftwirkung (§ 322 I, II ZPO).[21]

Sie haben sicherlich gemerkt, wie kompliziert das Recht der Prozeßaufrechnung ist. Vielleicht haben Sie auch erkannt, daß mit der Behandlung der Rechtshängigkeitssperre die einschlägige Problematik an dieser Stelle noch nicht ausgeschöpft ist. Wie, meinen Sie, sollte

---

[21] Freilich müßte nach der differenzierenden Ansicht die Klage des B im Erstprozeß als unzulässig abgewiesen werden, soweit sie 500,-- DM übersteigt. Insoweit fehlt B nun das Rechtsschutzinteresse. Allerdings ist die Klage des B in dieser Höhe erst durch die Aufrechnung unzulässig geworden. Der Klageabweisung kann B daher entgehen, wenn er die Hauptsache in Höhe von 5500,-- DM für erledigt erklärt (ausführlich oben Rdn. 70 ff).

man den Fall behandeln, in dem die Aufrechnungsforderung in die Zuständigkeit der Verwaltungsgerichte (§ 40 I VwGO) fällt? Allgemein gefragt: Gibt es eigentlich Sachentscheidungsvoraussetzungen auch bei einer Aufrechnung? Oder sind sie nur bei einer Klage zu prüfen?

Wegen der Relevanz der Prozeßaufrechnung sollten Sie sich die Antworten auf diese und andere Fragen durchlesen (etwa in meinem Aufsatz JA 1980, 344-348).

Abwandlung

I. Die Problemstellung

163 Die Abwandlung führt zu einer Problematik, die sich aus der Lehre vom Doppeltatbestand der Prozeßaufrechnung ergibt: Die Unbeachtlichkeit des prozessualen Teils der Prozeßaufrechnung - der Aufrechnungseinrede - kann hiernach nicht ohne weiteres auch die Aufrechnung als Rechtsgeschäft erfassen. Denn für diesen Teil der Prozeßaufrechnung - die rechtsvernichtende Einwendung - ist allein das materielle Recht maßgebend. Danach (§§ 387 ff BGB) wäre die Aufrechnung wirksam und wären die Forderungen von A und B erloschen (§ 389 BGB). Konsequenterweise müßte die Klage des B im Erstprozeß abgewiesen werden. Ebenso folgerichtig wäre aber auch der Aufrechnung des B im Zweitprozeß der Erfolg zu versagen. Denn der Aufrechnung steht das Prozeßrecht (§ 296 ZPO) entgegen. B hätte also bis hierher seine Forderung ohne jeden Erfolg geopfert.

II. Die gängigen Lösungen

164 Dieses Ergebnis ist für B mißlich und widerspricht unserem Rechtsempfinden. Deshalb herrscht Einigkeit, daß in solchen Fällen die Aufrechnung auch materiellrechtlich unwirksam sein muß. Die konstruktiven Wege sind unterschiedlich.

165 1. Zu einer auf den ersten Blick einleuchtenden Lösung gelangt der BGH.[22] Seine Argumentation geht im wesentlichen von der Vorschrift des § 322 II ZPO aus. Lasse das Gericht die Aufrechnung nicht zu, so werde über den Bestand der zur Aufrechnung bestellten Forderung nicht sachlich mit der Wirkung des § 322 II ZPO entschieden. Die Rechtskraft hindert also das Gericht des ersten Prozesses nicht an einer anderen Beurteilung der Rechtslage.

---

[22] Vgl. BGHZ 16, 124, 140; 24, 97, 99; 33, 236, 242; BGH NJW 1984, 128, 129; NJW-RR 1991, 971, 972.

Der BGH differenziert jedoch: Vorstehendes soll nämlich nur gelten, wenn - wie hier - die Aufrechnungseinrede als solche wegen Verspätung unbeachtet bleibt, nicht jedoch, wenn ein tatsächliches Vorbringen zurückgewiesen wird, das zur Substantiierung der (rechtzeitig) geltend gemachten Aufrechnungseinrede dient. Durch ein klageabweisendes Urteil aufgrund letzterer Fallkonstellation wird die zur Aufrechnung gestellte Forderung aberkannt (§ 322 II ZPO).

Die Bedenken gegen diese Ansicht liegen klar zutage. Erinnern Sie sich an den Zweck und die Rechtsfolgen der materiellen Rechtskraft: Die Bindung an rechtskräftige Feststellungen ist das prozessuale Mittel, um divergierende Entscheidungen zu verhindern. Deswegen sind andere Gerichte an diese Feststellungen gebunden, mögen sie richtig oder falsch sein. Lehnt man eine Rechtskraftwirkung hinsichtlich der Aufrechnungseinrede ab, hat das Gericht des Erstprozesses in unserem Fall also prozessual freie Hand in der Beurteilung der Aufrechnung. - Mehr freilich nicht! Weil durch die Aufrechnungserklärung auch die Forderung des B erloschen ist, materiellrechtlich also eine Rechtsgestaltung stattgefunden hat, müßte das Gericht aus diesem Grund die Klage abweisen. Der BGH bleibt also auf halbem Weg stehen, weil er die Erlöschenswirkung kraft § 389 BGB unberücksichtigt läßt.[23]

2. Deshalb liegt es nahe, die beiden Tatbestände der Prozeßaufrechnung miteinander zu verknüpfen: Wo die Aufrechnungserklärung prozessual wirkungslos ist, soll die Aufrechnung auch materiellrechtlich unwirksam sein.

Wie aber ist die Verknüpfung zu begründen?

a) Führen Sie sich vor Augen, daß die beiden Tatbestände der Prozeßaufrechnung in einer Erklärung verbunden sind, daß es sich also um eine Aufrechnung handelt. Ein Teil dieses Gesamttatbestandes ist unwirksam. Bewegten wir uns insgesamt im materiellen Recht, wären die Probleme gering. Denn die Anwendung des § 139 BGB drängt sich geradezu auf. Und mit dem Rechtsgedanken dieser Vorschrift wird denn auch die Verknüpfung von prozessualem und materiellrechtlichem Tatbestand begründet. Weil der Aufrechnende nur beide Teile zusammen wolle, seien prozessuale Einrede und materiellrechtliche Einwendung ein Geschäft. Folglich teile der materiellrechtliche Teil das Schicksal des prozessualen Parts.[24]

b) Nachdem Sie gesehen haben, wie großzügig im Bereich der Prozeßaufrechnung mit dem Bedingungsverbot des § 388 S. 2 BGB verfahren wird, wird Ihnen eine weitere Begründung einleuchten: Die materi-

---

[23] A. *Blomeyer,* ZZP 88, 439, 441.
[24] So *Rosenberg/Schwab/Gottwald,* § 105 III 2; *Zöller/Greger,* § 145 Rdn. 15; *Palandt/Heinrichs,* § 388 Rdn. 2; *Lüke/Huppert,* JuS 1979, 165, 169.

ellrechtliche Aufrechnungserklärung sei stillschweigend unter die auflösende Bedingung gestellt, daß das Gericht die prozessuale Einrede beachte. Der Aufrechnungsgegner, der sich ja gerade gegen die prozessuale Beachtlichkeit der Einrede gewehrt habe, sei nicht schutzbedürftig. § 388 S. 2 BGB greife somit von seinem Zweck her nicht ein.[25]

169 3. In die gleiche Richtung zielt eine Meinung, die für einen Sachverhalt wie unseren eine Gesetzeslücke im BGB bejaht. Diese Lücke müsse durch den Satz geschlossen werden, daß die materiellrechtliche Wirkung des § 389 BGB nur für den Fall eintreten soll, daß die Aufrechnung vom Gericht auch berücksichtigt wird.[26]

4. Diesen verschiedenen Lösungsversuchen lassen sich noch einige hinzufügen. Viel Neues bringen sie nicht. Statt dessen taucht bei allzu zahlreichen Theorien und allzu großer Meinungsvielfalt die Gefahr auf, „vor lauter Bäumen den Wald nicht mehr zu sehen". Darum sollten Sie sich mit den zwei oder drei Theorien begnügen, die Sie von den soeben vorgestellten nachvollziehen können. Auf der anderen Seite können Sie sich damit beruhigen, daß Sie nicht viel falsch machen können. Wo so viele Lösungsansätze angeboten werden, ist in einer Fallbearbeitung mit akzeptabler Begründung alles vertretbar.

III. Der einheitliche Lösungsansatz

170 All die soeben angeführten Auffassungen haben eine Schwäche. Weil sie das prozessuale Verteidigungsmittel mit der materiellrechtlichen Einwendung verknüpfen, kommen sie zwangsläufig nur zur Anwendung, wenn von einem Prozeß überhaupt die Rede ist. Der andere Aufrechnungsfall bleibt damit ungelöst: Angenommen, die Aufrechnung ist zu einem Zeitpunkt erklärt worden, als ein Rechtsstreit, in dem die Aufrechnung eine Rolle spielen könnte, noch gar nicht absehbar war. Jeder Versuch, hier aus der Retrospektive etwa einen entsprechenden Parteiwillen („Meine Aufrechnungserklärung soll nur gelten, wenn sie prozessual beachtlich sein wird!") zu konstruieren, ist verfehlt und wird auch nicht gewagt.[27] Und: ob bei der Prozeßaufrechnung tatsächlich eine Verknüpfung, wie hier unter II. dargestellt, anzunehmen ist, mag man immerhin bezweifeln. Denn genauso, wie der vorprozessual Aufrechnende nicht mit einem späteren Prozeß zu rechnen braucht, kann er auf die Möglichkeit der Zurückweisung etwa nach § 296 ZPO gar keinen Gedanken verwendet haben. Mindestens

---

[25] *Schlosser*, ZPR I, Rdn. 325; *Häsemeyer*, Festschrift für Weber, 1975, S. 215, 223.
[26] *Henckel*, ZZP 74, 165, 184.
[27] Vgl. *Rosenberg/Schwab/Gottwald*, § 105 III 2; *Schlosser*, ZPR I, Rdn. 325.

die *Verknüpfung per Parteiwillen* kann deshalb auf eine Fiktion dieses Parteiwillens hinauslaufen.

Zwischendurch: Bevor Sie weiterlesen, sollten Sie sich das gerade Gelesene noch einmal vergegenwärtigen. Nur wenn Sie sicher sind, noch aufnahmefähig zu sein, fahren Sie in der Lektüre fort. Falls „es Ihnen reicht", können Sie sich den Rest ersparen (und sich in Fallbearbeitungen auf das bisher Kennengelernte stützen). Im Folgenden handelt es sich um die letzte Verästelung des Problems.

Das KG wollte jenen Bedenken Rechnung tragen. Es hat deshalb ausgeführt:[28] 171

„Nach Auffassung des Senats kann auch nicht den Lösungsvorschlägen gefolgt werden, die aus der prozessualen Unbeachtlichkeit der Prozeßaufrechnung allgemein auf eine materielle Unwirksamkeit schließen wollen, indem der Rechtsgedanke des § 139 BGB herangezogen (Nachweise) oder in rechtsfortbildender Erweiterung der §§ 387 ff BGB ein entsprechendes materiellrechtliches Aufrechnungshindernis angenommen wird (Nachweise). Mit Recht ist hiergegen geltend gemacht worden, daß die Lösung über eine stillschweigende Bedingung in Anwendung von § 139 BGB schon an der materiellen Bedingungsfeindlichkeit der Aufrechnung (§ 388 Satz 2 BGB) scheitert und daß die materielle Regelung nicht als lückenhaft angesehen werden kann (Nachweise). Es kommt hinzu, daß die erwähnten Theorien die gebotene Gleichbehandlung der bereits vorprozessual erklärten, im Prozeß lediglich geltend gemachten Aufrechnung mit der eigentlichen Prozeßaufrechnung nicht befriedigend herleiten können. Ferner wird nicht berücksichtigt, daß eine automatische Bindung der materiellen Wirkung an die prozessuale Zulässigkeit in vielen Fällen zu einer Schädigung der aufrechnenden Prozeßpartei durch endgültigen Verlust der Vorteile aus der Aufrechnungslage führen kann. Das gilt insbesondere im Falle der Insolvenz des Prozeßgegners, an den ohne die Aufrechnung mit einer noch nicht titulierten Gegenforderung zunächst geleistet werden müßte, ferner bei Aufrechnung gegenüber einem Zessionar mit einer gegen den Zedenten bestehenden Forderung (§ 406 BGB) sowie bei Aufrechnung mit einer inzwischen verjährten Gegenforderung (§ 390 Satz 2 BGB). Diese Fälle können nur befriedigend gelöst werden, wenn auch eine verfahrensrechtlich unbeachtliche Aufrechnung als materiell wirksam angesehen und ein Weg zur Durchsetzung in einem dafür bestimmten Anschlußverfahren, etwa durch Vollstreckungsgegenklage gemäß § 767 ZPO, eingeräumt wird".[29]

Danach entfaltet also die prozessual unbeachtliche Aufrechnung die Wirkung des § 389 BGB, Haupt- und Gegenforderung sind erloschen. Damit scheint das Ergebnis, das wir oben verworfen haben, unvermeidbar: B verliert seine Gegenforderung, wird aber selbst zur Zahlung verurteilt. Dieser Konsequenz tritt auch das KG entgegen. Es verweist den doppelt unterlegenen B auf den Weg der Vollstreckungsgegenklage (§ 767 ZPO), um die materiellrechtliche Unrichtigkeit des Zahlungsurteils geltend zu machen. Die Sperre des § 767 II 172

---

[28] ZZP 86, 441, 442.
[29] Hervorhebung nur hier.

ZPO räumt das Gericht kurzerhand beiseite. Diese Bestimmung sei auf eine prozessual unberücksichtigt gebliebene Aufrechnung nicht anzuwenden.

173 Wenn Sie jetzt überrascht sind, weil die Wiedergabe der Entscheidung hier endet, so ist diese Überraschung gerechtfertigt. Denn das Gericht gibt für seine Auffassung zu § 767 II ZPO keine Begründung; so ist eben die *Auffassung des Senats*. Daß Ihnen das angekreidet worden wäre, ist Ihnen hoffentlich klar. Sie sollten aber auch wissen, daß Autorität keine Argumente ersetzt. Deswegen müßte hier wie sonst die Begründung von Ihnen nachgeliefert werden, falls Sie dieser Ansicht im Ergebnis folgen wollen. - Richtigerweise sollte man sie in dieser Allgemeinheit ablehnen:

Hier hätte der Vollstreckungsgegenkläger die Möglichkeit gehabt, die vor Schluß der mündlichen Verhandlung entstandene Einrede rechtzeitig in den Rechtsstreit einzuführen. Dann erscheint es aber auch gerechtfertigt, wenn durch § 767 II ZPO ein späteres Vorbringen ausgeschlossen wird. Der Beklagte braucht keine zweite Chance.[30] Die Gegenforderung kann daher bei Zurückweisung wegen Verspätung nicht im Wege einer Vollstreckungsgegenklage geltend gemacht werden.[31] Hiernach bliebe es bei dem mißbilligten Ergebnis. Deshalb sollte man sich einer der unter II. dargestellten Ansichten anschliessen.

Folge: Die Klage des B im Erstprozeß ist begründet.[32]

IV. Speziell zur Vollstreckungsgegenklage

174 Auf die Voraussetzungen der Vollstreckungsgegenklage - von manchem auch Vollstreckungsabwehrklage genannt - werde ich erst im Zusammenhang mit Erinnerung (§ 766 ZPO) und Drittwiderspruchsklage (§ 771 ZPO) eingehen.[33] Einer der „im Ernstfall" problemati-

---

[30] *Grunsky*, ZZP 86, 443, 447.
[31] BGHZ 125, 351 ff (zu § 530 II ZPO) = JR 1995, 460 mit zust. Anm. *Schreiber*; vgl. dazu auch die Rezension von *Lüke*, JuS 1995, 685; ferner *Rosenberg/Schwab/Gottwald*, § 105 III 1; MünchKomm/*Peters*, ZPO, § 145 Rdn. 25.
[32] Das entschiedene Verfahren betraf eines der freiwilligen Gerichtsbarkeit (§§ 156, 157 KostO). In diesem Verfahren wurde vom Antragsgegner die Aufrechnung mit einer Forderung erklärt, über deren Bestand nicht im fG-Verfahren entschieden werden konnte. Die zur Aufrechnung gestellte Forderung war in diesem Verfahren nicht aufklärbar. In diesem Spezialfall mag man zu dem Ergebnis gelangen, daß § 767 II ZPO einer Vollstreckungsgegenklage nicht entgegensteht (in diese Richtung auch BGH WM 1969, 1303).
[33] Unten Rdn. 280.

Speziell zur Vollstreckungsgegenklage

schen Punkte ist aber mit der Aufrechnung bereits angesprochen. Denn hinsichtlich der Gestaltungsrechte (Aufrechnung, Anfechtung, Kündigung usw.) herrscht im Rahmen von § 767 II ZPO Streit. Es dreht sich um die Frage, wann eine rechtsvernichtende Einwendung, die sich auf solche Gestaltungsrechte stützt, „entstanden" ist (vgl. § 767 II ZPO): Im Zeitpunkt der begründeten Gestaltungserklärung (Aufrechnungserklärung) oder schon zu der Zeit, zu welcher der Gestaltungsgrund (die Aufrechnungslage) vorlag?[34]

Hier kommt es auf die Antwort nicht an: Denn die Aufrechnungserklärung, die ja im Rahmen einer Prozeßaufrechnung vorgenommen wurde, lag im Zeitpunkt der letzten mündlichen Verhandlung bereits vor. Die Geltendmachung der rechtsvernichtenden Einwendung Aufrechnung war damit ausgeschlossen.

---

[34] Vgl. zunächst *Stein/Jonas/Münzberg*, § 767 Rdn. 25 ff.

5. Abschnitt

Prozessuale Probleme:
Beweislast,
Non-liquet und Eigentumsvermutung (§ 1006 BGB),
Rechtshängigkeit und Rechtsschutzinteresse,
die Sachentscheidungsvoraussetzungen von
- Widerklage
- Feststellungsklage
- Zwischenfeststellungsklage,
Konkurrenz Leistungsklage - Feststellungsklage.

Fall 5 („Streit um eine orange-rote Mauritius")

175 A klagt gegen B auf Herausgabe einer Briefmarke: einer orange-roten „Mauritius", one-penny, Katalogwert 20 000,-- DM. Sowohl A als auch B reklamieren das Eigentum an dieser philatelistischen Rarität für sich. Das Gericht kann den Sachverhalt nicht mehr weiter aufklären.

Im Laufe des Prozesses geht B zum Gegenangriff über. Er erhebt Widerklage mit dem Antrag festzustellen, daß er, B, Eigentümer der Marke sei.

Abwandlung - der umgekehrte Fall: Weil A Dritten gegenüber fortwährend behauptet, er sei Eigentümer der Briefmarke, ergreift B die Initiative: Er klagt mit dem Antrag festzustellen, daß A gegen ihn keinen Herausgabeanspruch hat. Dagegen wendet sich A. Er beantragt widerklagend, den B zur Herausgabe zu verurteilen.

Wie wird das Gericht entscheiden?

Lösung (Grundfall)

I. Zum Aufbau

176 Die prozessuale Konstellation weist eine Besonderheit auf. Es geht nicht nur um eine Klage, sondern im Ausgangsfall (und in der Abwandlung) hat der jeweilige Beklagte Widerklage erhoben. Über beide Klagen ist also zu befinden. Sicherer und damit vorzugswürdig ist es, beide Klagen getrennt zu behandeln: Prüfen Sie zuerst die Aussichten der sogenannten Haupt- oder Vorklage, dann die der Widerklage.

Ihnen wird freilich schon bei der Lektüre des Sachverhalts aufgefallen sein, daß sich die Prüfungen im materiellrechtlichen Teil überschneiden. Das ist bei Klage und Widerklage oft so. Denn § 33 I ZPO verlangt einen rechtlichen Zusammenhang zwischen Klage und Widerklage. Wenn Sie sich im Einzelfall sicher genug fühlen, diese Abhängigkeiten elegant auszunutzen, sollten Sie den bei getrennter Prüfung notwendigen Verweisungen ausweichen und die Rechtslage zusammenhängend darstellen.

In unserem Fall ist die getrennte Prüfung günstiger. Denn B begehrt eine Feststellung, die sich augenscheinlich aus der Prüfung des Herausgabeanspruchs des A gegen B ergibt.

II. Die Herausgabeklage A gegen B

1. Zulässigkeit

Zur Zulässigkeit braucht nichts gesagt zu werden. Vor allem sollten Sie hier wie auch sonst auf den Satz verzichten, dieser Punkt sei *unproblematisch*. Wenn das in der Tat der Fall ist, bringt die Feststellung nichts. Sie zeigt allenfalls Ihr Unbehagen, nichts zur Zulässigkeit der Klage sagen zu können, und signalisiert Unsicherheit. Sie ist hier zudem nicht ganz unbegründet. Denn es liegt eben wegen der teilweisen Identität von Haupt- und Widerklage auf der Hand, daß die Klagen kollidieren. Daraus können Probleme resultieren. Nur stehen die Probleme nicht der Hauptklage, sondern allenfalls dem Erfolg der Widerklage im Wege, weil diese darauf abzielt, eine bereits abgehandelte Frage - das Eigentum des A - nochmals „aufzuwärmen". Wenn überhaupt, so läßt sich an dieser Stelle allenfalls kurz auf diese Kongruenz und deren Unerheblichkeit für die Hauptklage hinweisen. 177

2. Begründetheit

Als Grundlage des Herausgabeanspruchs kommt ernsthaft nur § 985 BGB in Betracht. 178

a) Hinsichtlich des Eigentums des A liegt hier ein Fall des *„non liquet"* vor. Es ist dem Richter nicht möglich, sich in einer nach § 286 ZPO ausreichenden Weise von der Wahrheit der fraglichen Behauptung zu überzeugen: Weder das Eigentum des A noch das des B stehen für das Gericht mit einem so hohen Grad von Wahrscheinlichkeit fest, daß Zweifeln Schweigen geboten wird, ohne sie völlig auszuschließen.[1]

b) In einer solchen Situation ist entscheidend, wer die *subjektive Beweislast*, d.h. die Behauptungs- und Beweisführungslast trägt.[2] Denn wenn der Beweis mißlingt, hat die beweispflichtige Partei die

---

[1] Vgl. BGHZ 53, 245, 256 - „Anastasia-Fall" -.
[2] *Gottwald*, Jura 1980, 225 ff; *Baur/Grunsky*, Rdn. 172; *Schilken*, Rdn. 501; *Schlosser*, ZPR I, Rdn. 359 ff.

Folgen der Beweislosigkeit zu tragen (sog. *objektive Beweislast*).[3] Bleibt z.B. der Kläger beweisfällig, ist die Klage abzuweisen.

179 aa) Zu den Beweislastregeln gehören auch die gesetzlichen Vermutungen.[4] Der durch die Vermutung Begünstigte hat im Bestreitensfall nur die Vermutungsbasis zu beweisen. Dem Gegner obliegt dann der Beweis des Gegenteils (§ 292 ZPO). Dieser Beweis ist aber in der Regel erst erbracht, wenn jede Möglichkeit widerlegt ist, daß die Vermutung im konkreten Fall zutrifft.[5]

bb) Ist das Eigentum an einer beweglichen Sache im Streit, sollte stets an die Vermutung des § 1006 BGB gedacht werden. Gemäß § 1006 I 1 BGB wird zugunsten des Besitzers einer beweglichen Sache vermutet, daß er Eigentümer sei. Im Rahmen des § 985 BGB wird also der Besitzer der Sache in der Beweislast bevorzugt. Das ist hier B. Er wird somit als Eigentümer der Briefmarke angesehen. Ein Herausgabeanspruch des A gegen B aus § 985 BGB besteht folglich nicht.

180 cc) Damit ist die Klage unbegründet. Sie ist abzuweisen.

Eine Klage wird also nicht „verworfen" oder „zurückgewiesen". Das sind Begriffe aus den Rechtsmittelinstanzen. Auch ist eine Klage nicht „als unbegründet" oder „als unzulässig" abzuweisen. Der Abweisungsgrund ergibt sich allein aus den Urteilsgründen, nicht aus der Urteilsformel.[6]

III. Die Feststellungswiderklage B - A

1. Zulässigkeit der Klage

181 Man scheut vor solchen Konstellationen zurück. Mit der gewöhnlichen Klage hat man sich inzwischen einigermaßen vertraut gemacht. Nun kommt hinzu, daß die Klage im Wege des Gegenangriffs als Widerklage und von ihrem Inhalt her als Feststellungsklage erhoben wird. Andererseits: wenn man die Feststellungs-Wider-Klage so aufgliedert, verliert sie ihren Schrecken.

Ihre Zulässigkeit ist Schritt für Schritt wie folgt zu prüfen:

a) Für die Zulässigkeit der Klage müssen *die allgemeinen Sachurteilsvoraussetzungen* vorliegen;

---

[3] *Baur/Grunsky*, Rdn. 172; *Schilken*, Rdn. 502; *Thomas/Putzo*, Vorbemerkung § 284 Rdn. 21.
[4] Unterschieden wird zwischen Tatsachen- und Rechtsvermutungen. Jene sind auf das Vorliegen eines gesetzlichen Tatbestandsmerkmals, diese auf das gegenwärtige Bestehen oder Nichtbestehen eines Rechtes gerichtet (vgl. *Rosenberg/Schwab/Gottwald*, § 117 II 3; *Schilken*, Rdn. 471).
[5] *Gottwald*, aaO., S. 236; *Schilken*, Rdn. 471.
[6] *Thomas/Putzo*, § 313 Rdn. 10.

Die Feststellungswiderklage

b) für die Zulässigkeit der Widerklage müssen deren besondere Sachurteilsvoraussetzungen vorliegen;
c) die Zulässigkeit der *Feststellungsklage* ist davon abhängig, daß zusätzlich deren *besonderen Erfordernissen* genügt ist.

Zu a): Allgemeine Sachentscheidungsvoraussetzungen[7]
Von den allgemeinen Sachentscheidungsvoraussetzungen ist hier nur problematisch, ob der Klage des B nicht die Rechtshängigkeit der Herausgabeklage des A entgegensteht. Innerhalb von deren Prüfung wird nämlich als Vorfrage das Eigentum des A an der Briefmarke geprüft.

Die exakte Einordnung dieses Problems in die Frage der anderweitigen Rechtshängigkeit und nicht in die des Rechtsschutzinteresses bereitet häufig Schwierigkeiten. Eine Vermischung beider Problemkreise ist nicht unbedenklich[8], weil die Generalklausel des Rechtsschutzinteresses unnötig mit der Problematik der Rechtshängigkeit belastet würde. Darum ist es empfehlenswert, Generalklauseln nur zurückhaltend anzuwenden. Auch beeindruckt die Beherrschung dogmatischer Strukturen, während die Anwendung von Generalklauseln, wo sie vermeidbar ist, entsprechende Schwächen offenbart. Auf sie sollte nur zurückgegriffen werden, wenn das sonstige Instrumentarium zu keinem akzeptablen Ergebnis führt.

Die Rechtshängigkeitssperre ist in § 261 III Nr. 1 ZPO nur ungenau beschrieben. Zur Auslegung dieser Norm ist daher der Zweck der Vorschrift zu beachten. Dieser ist
- vor allem die inhaltliche Entscheidungsharmonie, d.h. die Vermeidung divergierender Urteile über den Streitgegenstand,
- aber auch die Prozeßökonomie, also die Vermeidung mehrfacher Prozesse über dieselben Fragen.

Demnach ergeben sich als *Voraussetzungen für die Einrede der anderweitigen Rechtshängigkeit*
(1.) Identität der Parteien
und
(2.) Identität der Streitgegenstände; insoweit ist entscheidend, durch welche Merkmale der Streitgegenstand bestimmt wird. Sie sind oben Rdn. 127 dargestellt.

Hier ist schon aufgrund der unterschiedlichen Anträge - einmal Leistung, das andere Mal Feststellung - offensichtlich, daß die Widerklage einen anderen Streitgegenstand als die Hauptklage hat. Demnach geht der Einwand der Rechtshängigkeit ins Leere.

Zu b): Besondere Sachentscheidungsvoraussetzungen der Widerklage
Sie lassen sich wie folgt zusammenstellen:

---
[7] Dazu o. Rdn. 36.
[8] Vgl. *Zeiss*, Rdn. 283.

(1.) Die sogenannte *Vor- oder Hauptklage* (hier A gegen B) muß im Zeitpunkt der Erhebung der Widerklage *rechtshängig* sein.[9]
In der Berufungsinstanz gelten die §§ 523, 530 I ZPO, in der Revisionsinstanz ist eine Widerklage wegen § 561 ZPO grundsätzlich unzulässig.
(2.) Die *Widerklage* muß in *derselben Prozeßart wie die Hauptklage* erhoben werden und dort *zulässig* sein.
Letzteres ist z.B. nicht der Fall im Urkunden- und Wechselprozeß (§ 595 I ZPO) sowie teilweise im Ehe- und Kindschaftsprozeß (§§ 610 II, 633 II, 638, 640 c S. 2 ZPO).
(3.) Die Widerklage muß grundsätzlich *gegen die andere Partei der Hauptklage* gerichtet sein.[10]
Der BGH[11] läßt aus prozeßökonomischen Erwägungen die Widerklage auch gegen Dritte zu. Fraglich ist allerdings, ob es wirklich notwendig ist, derart die Konturen der Widerklage aufzulösen. Den Erfordernissen praktikabler Prozeßgestaltung genügt es, diese Fälle als Parteierweiterung nach den Grundsätzen von Streitgenossenschaft (§§ 59 ff ZPO)[12], Verbindung (§ 147 ZPO) und Trennung (§ 145 I ZPO) anzusehen.
(4.) *Streitig* ist, ob für die Zulässigkeit der Widerklage ein *Zusammenhang zwischen Klage und Widerklage* gegeben sein muß.
Dafür spricht zum einen der Wortlaut des § 33 I ZPO, zum anderen aber auch, daß die Widerklagebefugnis nicht zu weit ausgedehnt werden sollte.[13]
Die Gegenansicht[14] sieht in § 33 I ZPO nur eine Gerichtsstandsregelung. Sie argumentiert vor allem mit der systematischen Stellung des § 33 I ZPO innerhalb der Gerichtsstandsvorschriften und weist auf die Einheitlichkeit des § 33 ZPO hin: Jedenfalls der Abs. 2 der Bestimmung könne sich sinnvollerweise nur auf die Gerichtsstandsregelung beziehen.
Wie so oft kann die Frage letztendlich offen bleiben. Soweit man einen rechtlichen Zusammenhang als besondere Sachentscheidungsvoraussetzung fordert, faßt man dieses Merkmal weit und läßt auch eine wirtschaftliche Zusammengehörigkeit ausreichen.[15]
Dieser Zusammenhang ist hier gegeben. Die Widerklage wäre also nach beiden Theorien zulässig.

---

[9] MünchKomm/*Lüke*, ZPO, § 261 Rdn. 12; *Thomas/Putzo*, § 33 Rdn. 23.
[10] *Thomas/Putzo*, § 33 Rdn. 9.
[11] BGHZ 40, 185, 187 ff.
[12] S.o. Rdn. 56.
[13] *Rosenberg/Schwab/Gottwald*, § 98 II 2 c und d.
[14] Etwa *Zeiss*, Rdn. 404, 93; *Thomas/Putzo*, § 33 Rdn. 1; *Stein/Jonas/Schumann*, § 33 Rdn. 6.
[15] Vgl. *Thomas/Putzo*, § 33 Rdn. 4.

Zu c): Besondere Sachentscheidungsvoraussetzungen einer Feststellungsklage
Die besonderen Voraussetzungen der Feststellungsklage ergeben sich aus § 256 ZPO. Abs. 1 regelt die eigentliche Feststellungsklage, Abs. 2 die sogenannte Zwischenfeststellungsklage. 186
(1.) Aufgrund beider Klagen kann das *Bestehen oder Nichtbestehen eines Rechtsverhältnisses* festgestellt werden. Rechtsverhältnis im Sinne von § 256 ZPO ist die rechtliche Beziehung zwischen Personen bzw. einer Person zu einem Gegenstand (wie z.b. hier das Eigentum an der Briefmarke).
(2.) Eine Feststellungsklage i.S.v. § 256 I ZPO setzt ein *rechtliches Interesse an der alsbaldigen Feststellung* des Rechtsverhältnisses voraus. Es liegt vor, wenn eine Unsicherheit über das Bestehen eines Rechtsverhältnisses den Kläger selbst beeinträchtigt. Es fehlt, wenn ein einfacherer Weg zur Verfügung steht, diese Unsicherheit zu beseitigen.[16] Darum ist die Feststellungsklage in der Regel subsidiär, wenn der Kläger dasselbe Ziel auch mittels einer Leistungsklage erreichen kann.[17]
(3.) Für die Zwischenfeststellungsklage i.S.v. § 256 II ZPO ist dieses besondere Rechtsschutzinteresse nicht erforderlich. Der Grund dafür ist folgender: In Rechtskraft erwächst grundsätzlich nur der Ausspruch über die begehrte Rechtsfolge (hier also über das Bestehen oder Nichtbestehen der Herausgabepflicht des B), nicht jedoch die Feststellung eines sogenannten *vorgreiflichen* oder *präjudiziellen* Rechtsverhältnisses[18] (wie z.B. die Feststellung des Eigentums des A in der Prüfung des § 985 BGB). Soweit eine Vorfrage im Rahmen des Prozesses zwangsläufig entschieden werden muß, entspricht es dem Grundsatz der Prozeßökonomie, auch dieses Rechtsverhältnis auf Initiative einer Partei rechtskräftig feststellen lassen zu können. Die einschränkende Forderung eines besonderen rechtlichen Interesses würde dem entgegenstehen. Der Sinn der Zwischenfeststellungsklage besteht also darin, die Rechtskraft einer Entscheidung auf Teile der Entscheidungsgründe zu erstrecken, die sonst an der Rechtskraft nicht teilnehmen würden.

Zum Fall: Wegen der geringeren Anforderungen an die Zulässigkeit ist sinnvollerweise zunächst die Möglichkeit der Zwischenfeststellungsklage zu untersuchen. Hängt also die Entscheidung des Rechtsstreits wenigstens zum Teil von dem festzustellenden präjudiziellen Rechtsverhältnis ab (§ 256 II ZPO)? 187

---

[16] *Thomas/Putzo*, § 256 Rdn. 16.
[17] *Baur/Grunsky*, Rdn. 103; *Schlosser*, ZPR I, Rdn. 201; *Zeiss* Rdn. 282.
[18] S.o. Rdn. 127.

B will festgestellt wissen, daß er Eigentümer der Briefmarke ist. Soweit A seinen Herausgabeanspruch auf § 985 BGB stützt, ist als Vorfrage nur über das Eigentum des A an der Mauritius zu entscheiden. Die Entscheidung über die Herausgabe hängt somit nicht vom Eigentum des B ab. Die Zwischenfeststellungsklage i.S.v. § 256 II ZPO hilft also nicht weiter. Sie ist unzulässig.

Demnach bleibt für das Feststellungsbegehren des B hier nur die Feststellungsklage i.S.v. § 256 I ZPO.

A berühmt sich mit der Herausgabeklage eines Rechts, das B für sich in Anspruch nimmt. Dadurch entsteht eine Rechtsunsicherheit, die B beeinträchtigt. Das besondere Feststellungsinteresse liegt somit vor.

Die Feststellungsklage i.S.v. § 256 Abs. 1 ZPO in der Form der Widerklage ist demnach zulässig.

188 *Zur Terminologie:* Soeben war davon die Rede, daß sich A „eines Rechtes berühme". Das ist in der Sache richtig, von der Begriffsweise her aber antiquiert. Unter Nichtjuristen werden Sie damit auf Unverständnis stoßen, vielleicht auch Spott ernten. In einer juristischen Arbeit können Sie derartige Ausdrücke verwenden, wenn sie noch üblich sind (der o.a. Begriff ist es!). Seien Sie sich aber darüber im klaren, daß es kein terminus technicus ist. Sie können deshalb das Sich-Berühmen und vergleichbare Wendungen ohne weiteres durch geläufigere ersetzen (etwa: „A meint, er sei Eigentümer" o.ä.).

2. Begründetheit der Klage

189 Das Eigentum des B an der Briefmarkensammlung wurde auf der Grundlage des § 1006 BGB bereits bejaht. Die Feststellungswiderklage ist also begründet.

Abwandlung

190 In der Abwandlung leugnet B den Herausgabeanspruch des A. Weil der Feststellungsantrag negativ gefaßt ist, spricht man von einer *negativen Feststellungsklage*. Ihre Zulässigkeit und Begründetheit bemißt sich an dem zur Feststellungswiderklage im Grundfall Gesagten - natürlich mit einer Ausnahme: Die Feststellungsklage ist die Hauptklage, die besonderen Sachentscheidungsvoraussetzungen einer Widerklage sind nicht anzusprechen.

Problematisch wird es erst, wenn A die Widerklage erhebt. Zum einen ist hier wiederum an den Gesichtspunkt der anderweitigen Rechtshängigkeit zu denken, zum anderen wegen des Grundsatzes der Subsidiarität der Feststellungsklage an Fragen des Rechtsschutzbedürfnisses.

191 Die Zweifel lassen sich wie folgt beseitigen:

Wegen des unterschiedlichen Rechtsschutzziels begründet die negative Feststellungsklage keine Rechtshängigkeitssperre für die Leistungsklage. Da aber die Leistungsklage des Widerklägers geeignet ist, den Rechtsstreit umfassender zu klären, entfällt nachträglich das Rechtsschutzbedürfnis für die Feststellungsklage.[19]

Bedenken gegen diese Auffassung hat *Bettermann*[20] vorgebracht. Sein Angriff richtet sich dagegen, daß bei zuerst erhobener negativer Feststellungsklage und nachfolgender Leistungsklage das Rechtsschutzbedürfnis für die Feststellungsklage entfallen, umgekehrt bei zunächst erhobener Leistungsklage der negativen Feststellungsklage der Einwand der Rechtshängigkeit entgegenstehen soll. Ausgehend von der Grundkonzeption, daß die Rechtshängigkeits- und die Rechtskrafteinrede Urteilskollisionen zu verhindern habe, will *Bettermann* in beiden Fällen die Zulässigkeit der später erhobenen Klage an der anderweitigen Rechtshängigkeit scheitern lassen.

Folgt man der ersten Ansicht, so wird die Klage des B nachträglich unzulässig. Nur über die Leistungsklage des A wäre noch sachlich zu urteilen. Nach Auffassung *Bettermanns* wäre umgekehrt die Herausgabeklage wegen anderweitiger Rechtshängigkeit unzulässig.

Hier ist also zwischen zwei Ansichten eine Entscheidung zu treffen. Sie mag zugunsten der zweiten Auffassung ausfallen. Denn das Erfordernis des Rechtsschutzinteresses will dem Mißbrauch prozessualer Befugnisse vorbeugen.[21] Warum aber der Kläger B sein Klagerecht mißbrauchen soll, ist nicht einsichtig.

Unabhängig davon sollten Sie behutsam von Auffassungen Gebrauch machen, die nur ganz vereinzelt vertreten werden. (Das ist bei der oben angeführten Ansicht nicht der Fall.) Meines Erachtens gibt es mindestens einen guten Grund dafür, einer gefestigten Auffassung insbesondere in der höchstrichterlichen Rechtsprechung zu folgen: Während Ihrer Referendarausbildung, in der Ihre Kenntnisse des Zivilprozeßrechts vor allem gefragt sein werden, werden abgelegene Meinungen völlig in den Hintergrund gedrängt. Ob das in jeder Hinsicht richtig ist, mag hier dahinstehen. Für ein solches Vorgehen spricht jedenfalls, daß Ihre Entscheidungen in der Praxis nicht aus dem Bemühen entstehen sollten, sich durch originelle Ergebnisse zu profilieren. Vielmehr sollten Sie darauf bedacht sein, die Parteien nicht mit Überraschungsentscheidungen zu konfrontieren. Zu dieser Kategorie gehören aber auch solche Erkenntnisse, mit denen von bisher durchweg vertretenen Positionen aus nicht zu rechnen war.

---

[19] BGH JR 1974, 26 f; *Zeiss*, Rdn. 283; *Thomas/Putzo*, § 256 Rdn. 18.
[20] Rechtshängigkeit und Rechtsschutzform, 1949, S. 82 ff; s.a. *Lüke*, JuS 1969, 301 f.
[21] S.o. Rdn. 53.

3. Teil:
Die Rechtsmittel

1. Abschnitt: Einführung

Begriffliches

193 Mit einem Rechtsbehelf kann der Berechtigte gegen eine gerichtliche oder durch andere Staatsorgane getroffene Entscheidung vorgehen.
Innerhalb der Rechtsbehelfe sind zu unterscheiden:

1. Rechtsmittel

Im Zivilprozeß gehören zu ihnen die Berufung, die Revision und die Beschwerde. Alle drei Rechtsbehelfe sind gekennzeichnet durch
a) *den Suspensiveffekt,*
b) *den Devolutiveffekt.*

Ein Rechtsmittel zeichnet sich gegenüber anderen Rechtsbehelfen also dadurch aus, daß es den Eintritt der formellen Rechtskraft hemmt (Suspensiveffekt) und die Entscheidungskompetenz auf das Gericht der nächsten Instanz übergehen läßt (Devolutiveffekt).

194 Die Unterschiede der Rechtsmittel:
a) Durch die *Berufung* wird eine weitere Tatsacheninstanz eröffnet (§ 525 ZPO). Das erstinstanzliche Verfahren findet insoweit seine Fortsetzung, als die Parteien in bestimmtem Umfang neue Tatsachen und Beweismittel vorbringen können (§ 528 ZPO).
b) Aufgrund der *Revision* kann die angefochtene Entscheidung nur in rechtlicher Hinsicht überprüft werden (§ 549 ZPO).
c) Für die *Beschwerde* bestimmt § 570 ZPO, daß sie - wie die Berufung - auf neue Tatsachen und Beweise gestützt werden kann.
Die Beschwerde richtet sich durchweg gegen Beschlüsse, mit Berufung und Revision werden Urteile angefochten.

2. Sonstige Rechtsbehelfe

195 Anderen Rechtsbehelfen fehlt es an mindestens einem der beiden Effekte. So mangelt es der Verfassungsbeschwerde (Art. 93 I Nr. 4a GG,

Instanzenzug

§§ 90 ff BVerfGG) sowohl am Suspensiv- als auch am Devolutiveffekt. Keinen Devolutiveffekt haben der Einspruch gegen ein Versäumnisurteil (§ 342 ZPO) sowie gegen einen Vollstreckungsbescheid (§ 700 I ZPO) und die Vollstreckungserinnerung nach § 766 ZPO.[1]

3. Übersicht über den Instanzenzug

Vorab: Sie kennen den Begriff der funktionellen Zuständigkeit. Er hat eine doppelte Bedeutung. Denn mit der funktionellen Zuständigkeit ist sowohl die Verteilung der Aufgaben innerhalb eines Gerichts (etwa Aufgaben des Richters, Rechtspflegers, Urkundsbeamten der Geschäftsstelle) als auch die instanzielle Zuständigkeit gemeint. Das Landgericht ist also für die Berufung gegen ein Endurteil des Amtsgerichts funktionell zuständig.

Die Übersicht hier stellt die funktionelle (instanzielle) Zuständigkeit nur grob dar. Einzelheiten finden Sie in dem Überblick über die Gerichte in Zivilsachen.[2]

a) Anfechtung von Urteilen

```
    BGH                    BGH
     ↑                      ↑
   Revision              Revision
                                        
LG    OLG                    OLG
 ↑     ↑        In Kindschafts-    ↑
Berufung Berufung und Familiensachen: Berufung
                                        
AG    LG                      AG
```

Zwei Besonderheiten in der Kette LG - OLG - BGH:
(1.) Unter den Voraussetzungen des § 566 a ZPO kann gegen das landgerichtliche Urteil *Sprungrevision* eingelegt werden. Über sie entscheidet der BGH (§ 133 Nr. 1 GVG).
(2.) An die Stelle des BGH tritt in Bayern das *Bayerische Oberste Landesgericht (BayObLG)*, wenn die Verletzung von Landesrecht gerügt

---
[1] Dazu unten Rdn. 239 ff.
[2] S. oben Rdn. 13.

wird. Die Grundlage dieser Regelung findet sich in § 8 EG GVG. Von der Möglichkeit, ein Oberstes Landesgericht einzurichten, hat kein anderes Bundesland Gebrauch gemacht.

b) Anfechtung von Beschlüssen

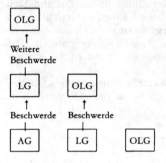

Wiederum zwei Besonderheiten:
(1.) In der Kette AG - LG - OLG ist die weitere Beschwerde nur zulässig, wenn der Beschluß des LG einen neuen, selbständigen Beschwerdegrund enthält (§ 568 II ZPO).
(2.) Gegen Beschlüsse des OLG (in 1. und 2. Instanz) nach §§ 519 b, 568 a ZPO (vgl. dort) gibt es u.U. die sofortige Beschwerde zum BGH (§ 133 Nr. 2 GVG).

2. Abschnitt: Die Berufung (§§ 511 ff ZPO)

Fall 6 („Keine Angst vor dem Zahnarzt")[1]

Die Klägerin befand sich bei dem beklagten Zahnarzt in Behandlung, um sich eine Zahnbrücke einsetzen zu lassen. Dazu mußten die benachbarten Zähne abgeschliffen werden. Bei dieser Arbeit rutschte der Beklagte mit der ungesicherten Separierscheibe ab. Die rotierende Scheibe drang tief in die Zunge und den Mundboden der Klägerin ein. Sie war mehrere Wochen arbeitsunfähig krank. Erst nach einer Woche konnte sie wieder essen und trinken. Bis dahin hatte sie durch ein Glasröhrchen flüssige Nahrung zu sich genommen.

Die Klägerin hat gegen den Beklagten Klage mit dem Antrag erhoben, ihn zur Zahlung eines angemessenen Schmerzensgeldes zu verurteilen.

Das LG hat auf ein Schmerzensgeld von 11.000,-- DM erkannt.

Dieser Betrag, so die Klägerin, entspreche nicht ihren Vorstellungen. Mit dieser Begründung legt sie gegen das Urteil des LG Berufung ein.

Mit Aussicht auf Erfolg?

Lösung

Die Klägerin kann das Urteil des LG erfolgreich mit der Berufung angreifen, wenn diese zulässig und begründet ist.

I. Zulässigkeit der Berufung

Den Umfang der Zulässigkeitsprüfung bestimmt § 519 b ZPO. Danach gehört in ihren Rahmen die Feststellung der Statthaftigkeit, der Einhaltung von Form und Frist und die Beantwortung der Frage, ob die Berufung begründet ist.

Hier ist dreierlei bemerkenswert. Zum einen ist nach § 519 b ZPO die Statthaftigkeit der Berufung ein Aspekt der Zulässigkeit. Wenn Sie insbesondere in der Referendarzeit mit dem „Problem" konfrontiert werden, ob nun die Statthaftigkeit unter eigener Überschrift oder innerhalb der Zulässigkeit zu prüfen ist, sollten Sie also an § 519 b ZPO denken. - Zum anderen kann die Formulierung in § 519 b I 1 a.E. ZPO („prüfen, ob die Berufung ... begründet ist") Anlaß zu Mißverständnissen geben. Auch bei den Rechtsmitteln ist zwischen deren

---
[1] Nach LG Bielefeld, VersR 1974, 66.

Zulässigkeit und Begründetheit zu differenzieren. Demgemäß ist nach § 519 b ZPO *nicht* die *Begründetheit*, sondern die *Begründung der Berufung* zu prüfen. Wenn die Berufungsbegründungsschrift (§ 519 ZPO) fehlt, ist danach die Berufung unzulässig.
Schließlich nennt § 519 b ZPO die Unzulässigkeitsfolge. Die Berufung ist zu verwerfen. Fehlt es hingegen an der Begründetheit, wird die Berufung zurückgewiesen. Verwechselungen der Begriffe sollten Sie vermeiden.

1. Statthaftigkeit

201 Ein Rechtsmittel ist statthaft, wenn es gegen diese Art der Entscheidung überhaupt vorgesehen ist.[2]
Nach § 511 ZPO ist die Berufung das „richtige Rechtsmittel" gegen Endurteile des ersten Rechtszuges. Sie ist nach der Übersicht über den Instanzenzug (oben I.3.) also statthaft, wenn ein AG oder in 1. Instanz ein LG entschieden hat.
So liegt es in unserem Fall, weil der Rechtsstreit beim LG begonnen hat.

2. Form, Frist

202 Die Berufungsschrift muß der in § 518 ZPO vorgeschriebenen Form genügen. Die Berufungsfrist beträgt einen Monat. Sie beginnt mit der Zustellung des vollständigen Urteils (§ 516 ZPO).
Innerhalb der Berufungsfrist braucht also nur die *Berufungsschrift* bei dem Gericht 2. Instanz einzugehen (§ 518 I ZPO). Es reicht der schlichte Satz, gegen das näher bezeichnete Urteil „wird Berufung eingelegt". Die - notwendige - Begründung kann in der Berufungs*begründungs*schrift nachfolgen (vgl. § 519 II 1 ZPO).
Welche Konsequenzen hat die Einordnung der Berufungsfrist als Notfrist (§ 516 ZPO)? Der Gesetzgeber der ZPO hat einen Kunstgriff gewählt. Er hat manche Fristen als Notfristen bezeichnet - und nur die so bezeichneten Fristen sind auch Notfristen (223 III ZPO) - und sie besonderen Regelungen unterworfen. So ist bei ihrer Versäumung eine Wiedereinsetzung in den vorigen Stand möglich (§§ 233 ff ZPO), so können sie z.B. nicht verlängert werden (§ 224 I, II ZPO).[3]
Eine letzte Frage dazu: Ist Ihnen klar, in welchem Zusammenhang die 5-Monats-Frist zu sehen ist, nach deren Ablauf die Frist zur Berufungseinlegung in jedem Fall beginnt (§ 516 a.E. ZPO)? - Die damit korrespondierende Vorschrift finden Sie in § 317 I 3 ZPO. Um den Parteien Zeit zu einer gütlichen Beilegung ihres Streits auch noch in diesem Stadium zu geben, kann die Zustellung eines Urteils um eben

---

[2] *Jauernig*, ZPR, § 72 IV; *Schilken*, Rdn.869.
[3] Weitere Einzelheiten bei *Zeiss*, Rdn.244.

diese 5 Monate hinausgeschoben werden. Nach deren fruchtlosem Ablauf wird so oder so Klarheit geschaffen: Nach Verstreichen eines weiteren Monats wird das Urteil formell rechtskräftig.

3. Berufungsbegründung

Den Inhalt der Berufungsbegründungsschrift regelt § 519 III ZPO. 203
Die Berufungsbegründungsfrist beträgt grundsätzlich einen Monat ab Einlegung der Berufung (§ 519 II 2 ZPO). Weil sie keine Notfrist ist, kann sie verlängert werden (§ 519 II 3 ZPO). Von dieser Möglichkeit wird in der Praxis oft Gebrauch gemacht.

4. Beschwer

Sie erinnern sich: Um einen Mißbrauch der Klage zu verhindern, ver- 204
langt man als ungeschriebene Zulässigkeitsvoraussetzung ein Rechtsschutzinteresse des Klägers. Mehr noch als bei der erstmaligen Anrufung eines Gerichts ist aber ein Korrektiv erforderlich, damit die Gerichte nicht mit einem Rechtsstreit fortgesetzt „behelligt" werden. Das gilt vor allem, wenn der Kläger ein Rechtsmittel einlegt. Er hat den Rechtsstreit angestrengt, über seinen Anspruch ist schon einmal - in der 1. Instanz - entschieden worden.

Dieser zu Lasten des Klägers gehende Aspekt gilt weniger, falls der Beklagte das erstinstanzliche Urteil überprüft sehen will. Er ist vielleicht unversehens mit einer Klage überzogen worden und hat die Arbeit der Gerichte nicht verursacht. Ihm mag man darum eher das Recht zubilligen, die Initiative zu ergreifen und ein Rechtsmittel einzulegen.

Zunächst zum Grundsatz. Die Zulässigkeit eines Rechtsmittels ist 205
davon abhängig, daß der Rechtsmittelkläger ein Rechtsschutzinteresse hat. Es tritt hier in einer besonderen Erscheinungsform, der *Beschwer*, auf. Sie liegt vor, *wenn die angefochtene Entscheidung dem Rechtsmittelführer nachteilig ist.*

a) Der *Kläger* ist beschwert, wenn der rechtskraftfähige Inhalt der Entscheidung hinter dem Klageantrag zurückbleibt.

Eine reine Rechenaufgabe, weil die Beschwer ganz formell durch Vergleich von Klage und Urteil ermittelt wird. Deswegen spricht man hier von *formeller Beschwer*. Hat also der Kläger 2000,-- DM beantragt und hat ihm das Gericht nur 900,-- DM zugesprochen, so ist der Kläger in Höhe von 1100,-- DM beschwert.

b) Ob der *Beklagte* der unteren Instanz durch das Urteil beschwert ist, 206
kann nicht so leicht festgestellt werden. Denn der Beklagte braucht keinen (Klageabweisungs-)Antrag zu stellen.[4] Fehlt der Antrag, schei-

---

[4] Selbst die Säumnis des Beklagten hat nicht notwendig seine Verurteilung zur Folge. S. oben zum sog. unechten Versäumnisurteil Rdn. 123.

det somit ein Vergleich mit dem Urteil von vornherein aus. Und: Weil der Beklagte sich keinesfalls dem Vorwurf aussetzt, die Gerichte zum wiederholten Mal anzurufen, kann ihm die Einlegung eines Rechtsmittels guten Gewissens leichter gemacht werden als dem Kläger.

Deshalb ist der Beklagte beschwert, wenn er in der Rechtsmittelinstanz ein günstigeres Urteil erreichen kann.[5]

Man kann es auch dahin ausdrücken, daß die angefochtene Entscheidung dem Beklagten nachteilig zu sein hat, um seine Beschwer bejahen zu können. Dieser Blick allein auf den Entscheidungsinhalt hat zu dem Begriff der *materiellen Beschwer* auf der Beklagtenseite geführt.

5. Zum Fall

207 Problematisch ist nur die Beschwer der Klägerin. Sie ist formell durch Vergleich von Klagebegehren und Urteilsinhalt zu bestimmen. Nur soweit das Urteil hinter dem Antrag zurückbleibt, liegt eine Beschwer vor.

Hier ist eine Divergenz nicht feststellbar. Die Klägerin hat die Höhe des Schmerzensgeldbetrages in das Ermessen des Gerichts gestellt.[6] Folglich entspricht *jede* Ermessensentscheidung ihrem Antrag. Somit ist die Klägerin nicht beschwert.

Die Berufung der Klägerin ist daher unzulässig.

Das Vorbringen, die Klägerin habe bei Klageeinreichung an einen höheren Betrag gedacht, reicht nicht aus, um eine Beschwer zu begründen. Die Vorstellungen der Klägerin haben nur den Charakter von Wünschen oder Hoffnungen ohne prozessuale Verbindlichkeit.[7] Demgemäß muß die Klägerin den Verlust ihrer Rechtsmittelmöglichkeit hinnehmen.

Anders wäre dies freilich, wenn die Klage insgesamt als unzulässig oder unbegründet abgewiesen worden wäre. Denn dann stände fest, daß das Gericht der 1. Instanz dem Begehren der Klägerin, die immerhin *etwas* wollte, nicht gerecht geworden ist.[8]

208 So weit so gut. Es bleibt aber ein Rest von Unbehagen. Läßt man nämlich einen unbezifferten Zahlungsantrag zu[9], um dann die Tür zur Berufungsinstanz zuzuschlagen, gibt man dem Kläger Steine statt Brot. Er muß sich mit einem Betrag bescheiden, der eventuell nicht nur seinen Erwartungen nicht genügt, sondern auch objektiv viel zu niedrig angesetzt ist. Der Ausweg aus diesem Dilemma besteht darin,

---

[5] BGH JZ 1953, 276; 1955, 423, 424; differenzierend *Rosenberg/Schwab/Gottwald*, § 136 II 3 c m.w.Nachw.
[6] Das ist, wie wir oben Rdn. 44, gesehen haben, ausnahmsweise zulässig.
[7] BGH NJW 1982, 340, 341.
[8] Vgl. BGH aaO.
[9] S. oben Rdn. 44.

Begründetheit der Berufung

vom Kläger in dessen eigenem Interesse die Angabe zu verlangen, welcher Betrag ihm vorschwebt. Von dieser Basis aus ist dann ein Vergleich mit dem zuerkannten Schmerzensgeldbetrag und damit die Feststellung der Beschwer möglich.[10]

Der Vollständigkeit halber wollen wir noch zwei Punkte ansprechen, die bei einer Berufung meistens zu beachten sind.

6. Beschwerdewert

Das bloße Vorliegen einer Beschwer reicht für die Zulässigkeit einer Berufung nicht aus. Notwendig ist ferner, daß der Rechtsmittelführer sie *im erforderlichen Umfang geltend macht*. Der Beschwerdewert muß sich auf mehr als 1.500,-- DM belaufen (§ 511 a ZPO).

Unterliegt also ein Kläger mit seiner Leistungsklage in Höhe von 2000,-- DM, so ist er dadurch in Höhe von 2000,-- DM formell beschwert. Macht er aber in seinem Berufungsantrag nur noch 1.000,-- DM geltend, so ist seine Berufung grundsätzlich[11] unzulässig, da der Beschwerdewert (auch *Erwachsenheitssumme* oder *Wert des Beschwerdegegenstandes* genannt) nicht erreicht ist.

II. Begründetheit der Berufung

Die Berufung ist begründet, wenn die Klage zulässig und begründet ist.

Sie sollten sich merken, daß bei der Prüfung eines Rechtsmittels zwischen *dessen Zulässigkeit* und der *Zulässigkeit der Klage* zu *unterscheiden* ist. Letzteres ist eine Frage der Begründetheit der Berufung.

Die Klägerin hatte dem Landgericht nur den anspruchsbegründenden Sachverhalt vorgetragen, die Höhe des Schmerzensgeldes aber in das Ermessen des Gerichts gestellt. Um dem Bestimmtheitsgebot des § 253 II Nr. 2 ZPO zu genügen, bedarf es jedoch zumindest der Angabe der ungefähren Größenordnung des Anspruchs.[12] Dies kann dadurch geschehen, daß ein Mindestbetrag angegeben oder ein gewisser Rahmen abgesteckt wird. - Diesen Anforderungen genügte die Klage nicht. Sie hätte schon vom Landgericht als unzulässig abgewiesen werden müssen. Danach wäre die Berufung auch unbegründet gewesen.

---

[10] BGHZ 45, 91, 93 f.
Vorsicht! Wenn Sie die Zulässigkeit einer Klage mit einem entsprechenden unbestimmten Schmerzensgeldantrag zu prüfen haben, muß Ihre Argumentation eine andere sein. Denn ein solcher Antrag ist bestimmt genug nur, wenn er die „ungefähre Größenordnung des Anspruchs" erkennen läßt (BGH NJW 1982, 340).
[11] Ausnahme: § 513 II 2 ZPO.
[12] S. oben Rdn. 197.

3. Abschnitt: Die Revision (§§ 545 ff ZPO)

Fall 7 („Der meineidige Kläger")

211 Der Kläger B wird im Berufungsverfahren vor dem OLG als Partei vernommen. Dabei leistet er einen Meineid. Nach Erlaß des dem B günstigen Berufungsurteils wird B aus § 154 StGB rechtskräftig zu einer Freiheitsstrafe verurteilt.

A legt nunmehr gegen das Urteil des OLG Revision ein und stützt sie auf die neue Tatsache der strafgerichtlichen Verurteilung des B. B meint, das sei unzulässig; nach § 561 I 1 ZPO dürfe das Revisionsgericht neue Tatsachen bei seiner Entscheidung nicht berücksichtigen.

Ist die Revision des A erfolgreich?

Lösung

I. Gemeinsamkeiten von Revision und Berufung

212 Die Berufung hat Modellcharakter für die Revision. Deshalb ist es folgerichtig, die Vorschriften des Berufungsverfahrens in weitem Umfang auf das Revisionsverfahren anzuwenden (§ 566 ZPO).

Auch darüber hinaus finden sich Parallelen.

1. Zulässigkeit der Revision

Den Rahmen der Zulässigkeitsprüfung steckt § 554 a I ZPO ab. Er entspricht exakt der Regelung des § 519 b I ZPO. Dazu ist das Notwendige bereits gesagt.[1]

2. Statthaftigkeit

213 Sie folgt aus § 545 ZPO. Danach ist die Revision grundsätzlich statthaft gegen Berufungsurteile des OLG.

Auf § 545 ZPO fußt der altbekannte Satz, wonach „sich über dem LG der blaue Himmel wölbt". Denn gegen ein Berufungsurteil des LG ist die Revision nicht statthaft.[2]

---

[1] S. oben Rdn. 200.
[2] Genau genommen ist der Satz unvollständig. Denn ein erstinstanzliches Urteil des LG unterliegt der Berufung, insoweit kann also vom „blauen Himmel" keine Rede sein. In der vollständigen Fassung („über dem LG als 2. Instanz wölbt sich der blaue Himmel") ist dieser „Merksatz" aber so

Zulässigkeitsprüfung

3. Form, Frist

Der Inhalt der Revisionsschrift ist in § 553 ZPO geregelt, die einmonatige Revisionsfrist folgt aus § 552 ZPO. Auch insoweit findet sich im Vergleich zur Berufung nichts Neues.

4. Revisionsbegründung

Wieder ist eine Begründung des Rechtsmittels notwendig. Sie kann in einer *Revisionsbegründungsschrift* der Revisionsschrift nachfolgen, muß dann aber innerhalb eines Monats ab Einlegung der Revision beim BGH - dem Revisionsgericht - eingehen (§ 554 II ZPO).

II. Unterschiede zwischen Revision und Berufung

1. Zulässigkeitsprüfung

a) Der Inhalt der Revisionsbegründungsschrift ist ein anderer als der der Berufungsbegründungsschrift (vgl. § 554 III Nr. 3 ZPO einerseits, § 519 III Nr. 2 ZPO andererseits). Hier macht sich der grundsätzliche Unterschied zwischen Berufung und Revision, der namentlich in der Begründetheitsprüfung zu beachten ist, schon bemerkbar: Die Berufungsinstanz ist eine weitere Tatsacheninstanz, die Revisionsinstanz ist prinzipiell nur noch Rechtsinstanz; die tatsächliche Grundlage der rechtlichen Würdigung darf das Revisionsgericht nicht nachprüfen. 214

b) Zur Beantwortung der Frage, ob der Revisionskläger beschwert ist, kann wiederum auf das zur Berufung Ausgeführte verwiesen werden.[3] 215

Anders als bei der Berufung ist hier aber nicht der Wert des Beschwerdegegenstandes, sondern der Wert der Beschwer entscheidend.

Damit sind wir zugleich bei einem Problem angelangt, das fremde Rechtsordnungen anders regeln.[4] Es besteht darin, einer Überbelastung des Revisionsgerichts entgegenzuwirken. Die ZPO (§ 546) strebt dieses Ziel an, indem sie die Revisionsmöglichkeiten einschränkt, also Zulässigkeitshürden aufbaut.

aa) In vermögensrechtlichen Streitigkeiten ist die Revision zulässig, wenn der Wert der Beschwer 60.000,-- DM übersteigt.[5]

---

umständlich, daß man sich die schlichte Regelung des § 545 ZPO besser einprägen kann!
[3] S. oben Rdn. 204.
[4] Dazu *Schlosser*, ZPR I, Rdn. 393.
[5] Allerdings besteht nach § 554 b ZPO für das Revisionsgericht die Möglichkeit, die Annahme der Revision abzulehnen, wenn die Rechtssache keine grundsätzliche Bedeutung hat. Entgegen dem Wortlaut darf das Revisionsgericht von dieser Befugnis jedoch dann keinen Gebrauch

bb) In anderen Streitigkeiten (vermögensrechtliche mit einer Beschwer von nicht mehr als 60.000,-- DM; nichtvermögensrechtliche Streitigkeiten) ist die Revision zulässig,
- wenn das OLG die Revision zuläßt,
- soweit das OLG die Berufung als unzulässig verworfen hat (§ 547 ZPO), also gar nicht zur Sachprüfung vorgedrungen ist.

216 Der Wert der Beschwer in vermögensrechtlichen Streitigkeiten ist danach ein zentraler Aspekt. Er wird vom OLG geprüft. Denn das OLG muß sich darüber klar werden, ob eine Zulassung überhaupt notwendig ist oder ob die 60.000,-- DM-Grenze überschritten ist. Folglich kann nicht abgewartet werden, bis der Wert des Beschwerdegegenstandes feststeht. Denn er ergibt sich erst aus den Anträgen des Revisionsklägers.

Nochmals zur Terminologie: Die betragsmäßig festgestellte Benachteiligung durch das angefochtene Urteil ist der *Wert der Beschwer*. Soweit der Rechtsmittelkläger seine Beschwer geltend macht, soweit er mithin das nachteilige Urteil anficht, handelt es sich um den *Wert des Beschwerdegegenstandes*.

217 c) Unser Fall wirft insoweit keine Probleme auf. Sie hätten darum von der Zulässigkeit der Revision ausgehen können.

Hier allerdings erscheint mir der Rat, Unproblematisches gar nicht zu erwähnen[6], verfehlt. Weil die Revision diese Besonderheiten gegenüber der Berufung aufweist, erwartet man erfahrungsgemäß wenigstens einen kurzen Hinweis - mehr ist angesichts des nichtssagenden Sachverhalts ohnehin nicht möglich. Sie sollten deshalb expressis verbis unterstellen, daß die Beschwer hoch genug ist oder das OLG die Revision zugelassen hat.

2. Begründetheitsprüfung

218 Ist die Revision zulässig, prüft das Revisionsgericht im Rahmen der gestellten Anträge (§ 559 ZPO) die Begründetheit der Revision.

Die Revision ist begründet, wenn
- sie auf die Verletzung revisiblen Rechts gestützt ist,
- wenn die gerügte Rechtsverletzung besteht,
- wenn das angefochtene Urteil auf der Rechtsverletzung beruht (vgl. § 549 I ZPO)

und
- sich nicht aus anderen Gründen als richtig erweist (§ 563 ZPO).[7]

---

machen, wenn die Revision im Ergebnis erfolgversprechend erscheint - auch wenn keine grundsätzliche Bedeutung vorhanden ist (BVerfG NJW 1981, 39, 40).
[6] S. oben Rdn. 21.
[7] *Jauernig*, ZPR, § 74 VII 2; *Rosenberg/Schwab/Gottwald*, § 146 II 1.

Begründetheitsprüfung

a) Die Begründetheitsprüfung beschränkt sich also auf diese Feststellungen. Eine Überprüfung der Tatsachen, die subsumiert werden sollen, findet somit grundsätzlich nicht statt (vgl. § 561 II ZPO).

Was aber ist Bundesrecht, was eine Vorschrift im Sinne von § 549 ZPO? Die Antwort: Jede Rechtsnorm, also auch Rechtsverordnungen und Gewohnheitsrecht.

Zur Begründung dieses Ergebnisses stehen zwei Wege zur Verfügung. Entweder begnügt man sich mit § 549 ZPO, wo von *Recht*, also der Gesamtheit der staatlichen Zwangsordnung die Rede ist. Oder man versteht das „Recht" und die „Vorschrift" unter Zuhilfenahme von § 550 ZPO als Gesetz, umreißt diesen Begriff dann aber durch Heranziehung des § 12 EG ZPO. Danach ist Gesetz jede Rechtsnorm.[8]

Darüber hinaus ist Kausalität zwischen der Rechtsverletzung und der fehlerhaften Entscheidung erforderlich; diese muß auf der Rechtsverletzung *beruhen* (§ 549 I ZPO). 219

Die Fälle des § 551 ZPO werden vom Gesetz als so schwerwiegend angesehen, daß die Kausalität der Gesetzesverletzung dort unwiderleglich vermutet wird. Bei den angeführten groben Verfahrensfehlern spricht man deshalb von absoluten Revisionsgründen.

Im übrigen ist ein Verstoß gegen materielles Recht ebenso denkbar wie die Verletzung einer Verfahrensvorschrift.

b) Der Begründetheitsprüfung darf grundsätzlich nur das Parteivorbringen zugrunde gelegt werden, das aus dem Tatbestand des Berufungsurteils oder dem Sitzungsprotokoll ersichtlich ist. Auch von anderen tatsächlichen Feststellungen des Berufungsgerichts kann grundsätzlich nicht abgewichen werden (§ 561 II ZPO). 220

Diese Beschränkung auf den bisherigen Tatsachenvortrag bedeutet, daß neues Parteivorbringen und neue Beweismittel ausgeschlossen sind, auch wenn die Tatsache erst nach der letzten mündlichen Verhandlung in der Berufungsinstanz entstanden ist und somit dort nicht vorgebracht werden konnte. Die Revisionsinstanz soll von Tatsachenfeststellungen freigehalten werden, um die rechtliche Nachprüfung schnell und ungehindert vollziehen zu können.

Von dieser Beschränkung auf den „alten" Tatsachenstoff werden jedoch Ausnahmen gemacht. 221

aa) Nach § 561 I 2 ZPO können neue Tatsachen vorgebracht werden, die zur Begründung einer Verfahrensrüge dienen. Diese Ausnahme wurde durch die Regelung des § 554 III Nr. 3 b ZPO erforderlich.

bb) Nach Erlaß des Berufungsurteils eingetretene Tatsachen sind zu berücksichtigen, wenn sie vom Revisionsgericht von Amts wegen zu beachten sind.

---

[8] Im ersteren Sinne *Baur/Grunsky*, Rdn.224; *Zeiss*, Rdn.708; im zweiten Sinne etwa *Schilken*, Rdn.946; *Thomas/Putzo*, § 549 Rdn.3.

Wir haben die Prüfung von Amts wegen bei den Zulässigkeitsvoraussetzungen der Klage kennengelernt.[9] Dahinter steht der Gedanke, daß sich ein Gericht nur dann inhaltlich mit einer Streitigkeit befassen soll, wenn es sich damit aufgrund des aufgeklärten Sachverhalts befassen darf. Dieser Aspekt gilt in allen Instanzen.

Daraus folgt, daß neue Tatsachen zur Zulässigkeit von Klage, Berufung und Revision auch noch in der 3. Instanz zu beachten sind.[10]

222 cc) Bis hierher kann die Tatsache, daß B einen Meineid geleistet hat, im Revisionsverfahren nicht berücksichtigt werden. Da A sonst nichts vorbringt, was zur Aufhebung des Berufungsurteils führen könnte, müßte die Revision des A zurückgewiesen werden.

Wahrscheinlich rebelliert jetzt Ihr Rechtsgefühl. Man ist nicht bereit hinzunehmen, daß B aufgrund seines Meineids den Prozeß gegen A unwiderruflich gewonnen hat. Dem trägt die ZPO Rechnung, indem sie in solchen Fällen die Wiederaufnahme eines rechtskräftig abgeschlossenen Verfahrens zuläßt. Das Mittel dazu ist die Restitutionsklage (§§ 578 I, 580 Nr. 1 ZPO).

Nach der Zurückweisung seiner Revision könnte A also das Urteil aus der Welt schaffen. Die Frage liegt auf der Hand: Warum soll das Urteil dann erst in die Welt gesetzt werden? Sollte man - anders gefragt - zur Vermeidung unnötiger Umständlichkeiten nicht schon in der Revisionsinstanz neue Tatsachen berücksichtigen, die einen Wiederaufnahmegrund nach § 580 Nr. 1-7 ZPO ergeben?[11] Die Frage stellen, heißt sie bejahen.[12]

223 Soweit die Restitutionsgründe des § 580 ZPO auf einer strafbaren Handlung beruhen (Nr. 1-5; hier Nr. 1), ist für die Berücksichtigung dieser Tatsachen im Rahmen der Revision zusätzlich eine rechtskräftige Verurteilung zu fordern.[13] Denn die Restitutionsgründe könnten auch im Wiederaufnahmeverfahren nur unter dieser Voraussetzung

---

[9] S. oben Rdn. 117.
[10] Sind neue Tatsachen nicht beweisbedürftig (z.B. weil die andere Partei sie nicht bestritten hat [s. oben Rdn. 146), so erwächst dem Revisionsgericht von daher keine Mehrarbeit. Andererseits können diese Tatsachen die rechtliche Prüfung in eine ganz andere Richtung lenken und zusätzliche Erwägungen notwendig machen. Weil man die Zulassung solcher neuen Tatsachen demgemäß von dieser oder jener Seite betrachten kann, sind die Stellungnahmen hierzu kontrovers. Lesen Sie der Vollständigkeit halber *Rosenberg/Schwab/Gottwald*, § 145 II 3 g, h.
[11] Für die Nichtigkeitsklage (§ 579 ZPO) stellt sich die Frage nicht. Die in § 579 ZPO aufgezählten Wiederaufnahmegründe sind im Katalog des § 551 ZPO enthalten, sind also ohnehin Revisionsgründe.
[12] Ebenso im Ergebnis BGHZ 3, 65, 67 f; *Rosenberg/Schwab/Gottwald*, § 145 II 3 f; *Zeiss*, Rdn.706. Einschränkend BGHZ 18, 59 für den Wiederaufnahmegrund des § 580 Nr. 7 b ZPO.
[13] BGHZ 5, 299.

Beachtung finden (§ 581 ZPO). Da bei der Zulassung der neuen Tatsachen das Revisionsgericht in bestimmtem Umfang die Funktion des Gerichts im Wiederaufnahmeverfahren übernimmt, ist es nur folgerichtig, § 581 ZPO auch in diesem Zusammenhang zu beachten.

Hier ist folglich die Straftat des B nach dessen rechtskräftiger Verurteilung in der Revisionsinstanz zu berücksichtigen.

Da ein Eid im Rahmen der Beweiswürdigung eine nicht unerhebliche Rolle spielt - immerhin ist der Meineid unter Strafe gestellt (§ 154 StGB) -, kann zudem nicht ausgeschlossen werden, daß das Berufungsurteil nur aufgrund des Meineids des B zu dessen Gunsten ausgefallen ist.

Ein (relativer) Revisionsgrund liegt damit vor.

3. Das weitere Verfahren

Das Revisionsgericht wird prüfen, ob die zugelassenen neuen Tatsachen geeignet sind, eine Restitutionsklage zu begründen. Wird dies bejaht, hat das Revisionsgericht die Entscheidung des Berufungsgerichts aufzuheben und den Rechtsstreit zur erneuten Verhandlung an die Berufungsinstanz, also an das OLG, zurückzuverweisen (§§ 564, 565 ZPO). Das OLG prüft dann, ob aufgrund der neuen Tatsachen eine andere Entscheidung zu fällen ist, und erläßt gegebenenfalls ein dahingehendes Urteil.

In diesem Zusammenhang ist zu beachten, daß die Zivilgerichte (hier das Oberlandesgericht, an das zurückverwiesen wird) nach § 14 II Nr. 1 EG ZPO nicht an das strafgerichtliche Urteil gebunden sind.[14] Die Regelung des § 581 ZPO ist deshalb dahingehend zu verstehen, daß das Vorliegen eines rechtskräftigen Strafurteils nur eine Zulässigkeitsvoraussetzung der Restitutionsklage darstellt. Weitergehende Wirkungen entfaltet das Strafurteil nicht.[15]

4. Ergebnis

Die Revision des A ist erfolgreich.

---

[14] BGH NJW 1983, 230.
[15] BGH aaO. m. zahlr. Nachw.

4. Abschnitt: Die Beschwerde (§§ 567 ff ZPO)

Fall 8 („Keine Zeit für Klagen")[1]

225 Am 15.10. reicht A eine Zahlungsklage gegen B beim Landgericht ein. Der Vorsitzende der zuständigen Kammer teilt dem Kläger mit Verfügung vom 17.10. mit, daß die Klage dem B zugestellt werde. Eine weitere Bearbeitung sei aber derzeit nicht möglich.
Das Schreiben des Kammervorsitzenden lautet:
„Sehr geehrter Empfänger!
In pp. wird die Zustellung der Klage mit gleicher Post veranlaßt. Die weitere Bearbeitung der Sache ist zur Zeit nicht möglich. Die Kammer ist überlastet, da das LG nicht genug Richter zur Verfügung hat. Eingehende Sachen müssen notgedrungen auf eine Warteliste gesetzt und in der Reihenfolge ihres Eingangs nach und nach abgerufen werden. Ich bedaure, Ihnen vorläufig keinen anderen Bescheid erteilen zu können, und muß Sie darüber hinaus bitten, bis auf weiteres von der Einreichung von Eingaben und Schriftsätzen abzusehen, um vermeidbaren Schriftwechsel und zusätzliche Arbeit zu ersparen. Voraussichtlich wird Ihre Sache in 4 Monaten der Bearbeitung zugeführt werden können."
Dagegen legt A Beschwerde ein.
Mit Aussicht auf Erfolg?

Lösung

I. Zulässigkeit der Beschwerde

1. Gemeinsamkeiten von Beschwerde und Berufung
226 Die Beschwerde ist der Berufung weitgehend angeglichen. Auch die Beschwerde ist ein Rechtsmittel, auch im Beschwerdeverfahren können neue Tatsachen und Beweise vorgebracht werden (§ 570 ZPO).

2. Unterschiede zwischen Beschwerde und Berufung
227 *a)* Die Beschwerde dient zur Anfechtung von weniger wichtigen Entscheidungen. Sie ergehen regelmäßig in der Form von Beschlüssen und Verfügungen.
228 *b)* Statthaft ist die Beschwerde
- nach § 567 I ZPO, wenn das Gesetz die Beschwerde ausdrücklich vorsieht (z.B. §§ 91 a II 1, 135 III, 252, 793 ZPO),

---

[1] Nach OLG Schleswig, NJW 1981, 691.

- ebenfalls nach § 567 I ZPO gegen eine Entscheidung, die ohne mündliche Verhandlung ergehen konnte und „durch die ein das Verfahren betreffendes Gesuch zurückgewiesen ist" (vgl. z. B. § 519 b II ZPO),
- gegen eine Entscheidung, der es nach Art, Inhalt, Zuständigkeit oder Verfahren an jeder gesetzlichen Grundlage fehlt. Man spricht von *greifbarer Gesetzwidrigkeit*.[2]

Hier könnte in dem Schreiben die Zurückweisung eines Antrags auf Terminbestimmung, eines „das Verfahren betreffenden Gesuchs" zu sehen sein. Eine solche Betrachtung ist aber bedenklich. Denn auf eine Klage braucht das Gericht nicht mit einer sofortigen Terminbestimmung zu reagieren. Vielmehr kann es statt dessen ein schriftliches Vorverfahren anordnen (§ 276 ZPO). Hinzu kommt, daß die Bestimmung eines Termins von Amts wegen zu erfolgen hat. Somit ist ein entsprechender Antrag unnötig. In einer Klage ist er deswegen nicht enthalten.

Wird demnach ein Terminsantrag nicht abgelehnt, sondern nur die Terminierung zu einem späteren Zeitpunkt in Aussicht gestellt, so kommt diese Verzögerung des Verfahrensganges einer Aussetzung des Verfahrens nahe. Eine solche Maßnahme ist darum in entsprechender Anwendung des § 252 ZPO der Beschwerde zu unterwerfen.

Die Beschwerde ist also statthaft.[3]

Allerdings ist die Beschwerde nicht nur in vielen Fällen ausdrücklich zugelassen. Vielmehr gibt es auch zahlreiche Vorschriften, die eine Beschwerde, die unter dem Blickwinkel des § 567 I ZPO statthaft wäre, ausschließen. Zu nennen sind z.B. die §§ 127 II 1, 227 II 3 ZPO. Zudem nimmt § 567 IV ZPO nahezu allen Entscheidungen der Oberlandesgerichte die Beschwerdefähigkeit.[4]

c) Anders als bei der Berufung, die ausnahmslos fristgebunden ist, gibt es für die Beschwerde grundsätzlich keine Befristung. Mit der deshalb sog. *einfachen Beschwerde* kann gegen eine Entscheidung also noch nach Jahren vorgegangen werden. Das verwundert nur auf den ersten Blick. Denn die Verzögerung der Beschwerde geht meistens allein zu Lasten des Beschwerdeberechtigten. Läßt in unserem Fall der Kläger die Sache auf sich beruhen, so bleibt es bei der späten Terminierung.

Daneben gibt es Fälle, in denen Rechtsunsicherheiten nicht hingenommen werden. Nehmen wir beispielsweise § 91 a ZPO, die Entscheidung nach übereinstimmenden Erledigungserklärungen. Der

---
[2] MünchKomm/*Braun*, ZPO, § 567 Rdn.9,10; *Thomas/Putzo*, § 567 Rdn.7.
[3] OLG Schleswig aaO. (im Ausgangsfall); *Baumbach/Lauterbach/Albers/ Hartmann*, § 216 Rdn.27 m. Nachw.; a.A. VGH Mannheim, NJW 1984, 993.
[4] Weitere Fälle bei *Zeiss*, Rdn.727 ff.

Beschluß hier beendet das Verfahren auch im Kostenpunkt. Deshalb sollte nach kurzer Zeit klar sein, ob die Parteien ihren alten Streit - wenn auch nur im Rahmen der Kostenentscheidung - wieder aufrollen. Folglich ist die Beschwerde nur *sofort* möglich. Was das bedeutet, sagt § 577 II 1 ZPO. Die *sofortige Beschwerde* ist in einer Notfrist[5] von zwei Wochen einzulegen.[6]

II. Begründetheit der Beschwerde

232 Die Beschwerde ist begründet, wenn die angefochtene Entscheidung fehlerhaft ist.

Im Ausgangsfall hat das OLG einen Fehler verneint, weil die Entscheidung von sachlichen Gründen getragen sei. Wegen der Überlastung der Zivilkammer müsse die Partei es hinnehmen, daß die Klage zunächst auf eine Warteliste gesetzt werde. - Das erscheint falsch. Denn die ZPO bietet Handhaben, der Überlastung des Gerichts Rechnung zu tragen, ohne daß das Gericht schlicht untätig bleibt.[7] So könnte z.B. ein schriftliches Vorverfahren angeordnet und der Haupttermin entsprechend weiträumig anberaumt werden. Dann hätten die Parteien zumindest die Möglichkeit, vorbereitende Schriftsätze einzureichen und damit das Verfahren zu fördern.

Die zulässige Beschwerde des A ist daher auch begründet.[8]

---

[5] Dazu oben Rdn. 202.
[6] Instruktiv zum Ganzen *Schlosser*, ZPR I, Rdn. 397.
[7] Im einzelnen OLG Schleswig, NJW 1982, 246.
[8] So auch OLG Schleswig, NJW 1982, 246. Diese Entscheidung stammt vom 1. Zivilsenat des OLG. Der Ausgangsfall ist vom 3. Zivilsenat des OLG Schleswig anders entschieden worden.

4. Teil:
Das Verfahren der Zwangsvollstreckung

1. Abschnitt

Grundlagen

Auch das Vollstreckungsverfahren ist ein Teil des Zivilprozesses. Wenn 233
der Schuldner die Leistung, zu der er z.B. im Erkenntnisverfahren
verurteilt wurde[1], nicht freiwillig erbringt, kann das Recht des Gläubigers im Wege der Zwangsvollstreckung gegen den Schuldner durchgesetzt werden.

Verschaffen wir uns zunächst einen Überblick über die Abschnitte 1 234
bis 4 des 8. Buches der ZPO, in dem das Zwangsvollstreckungsverfahren geregelt ist. Die sogleich abgedruckte Übersicht zeigt Ihnen,
daß es allgemeine Vorschriften gibt, die für alle Arten der Zwangsvollstreckung gelten (§§ 704-802 ZPO). Dort sind auch die Rechtsbehelfe
zu finden. Es folgen die besonderen Regeln für die verschiedenen
Arten der Zwangsvollstreckung. Dabei muß man zuerst nach dem
Inhalt des zu vollstreckenden Anspruchs unterscheiden, nämlich ob
wegen einer Geldforderung (§§ 803-882a ZPO) oder wegen eines
anderen Anspruchs vollstreckt werden soll (§§ 883-898 ZPO). Bei
Geldforderungen ist dann nach dem Vermögensobjekt zu fragen, in
das vollstreckt wird. Nach der Vollstreckungsart bestimmt sich die
Zuständigkeit der verschiedenen Vollstreckungsorgane.

---

[1] Zu anderen Zwangsvollstreckungstiteln als dem Urteil vgl. Rdn. 265.

2. Abschnitt

Prozessuale Probleme:
Vollstreckungserinnerung,
sofortige Beschwerde,
Rechtspflegererinnerung,
Arten der Zwangsvollstreckung,
Voraussetzungen der Zwangsvollstreckung,

Prozeßrechtliches/materiellrechtliches Problem:
Eigentumserwerb in der Zwangsversteigerung

Fall 9 („Ländliche Zwistigkeiten")

235 Gläubiger G hat ein rechtskräftiges Zahlungsurteil über 40.000,-- DM gegen Schuldner S erstritten. S ist Bauer. In seiner Scheune steht unter anderem ein Traktor, den S auf Feld und Weide einsetzt. Diesen Traktor pfändet der Gerichtsvollzieher im Auftrag des G.
S möchte sich gegen die Pfändung wehren.

236 **Abwandlung:** Angenommen, S hat sich gegen die Pfändung erfolgreich zur Wehr gesetzt. Daraufhin beantragt G die Zwangsversteigerung des Grundstücks des S. Am 8. November wird S der Versteigerungsbeschluß zugestellt. Im Versteigerungstermin erhält Ersteigerer E als Meistbietender den Zuschlag. Erst jetzt stellt sich heraus, daß bereits am 1. November der Dritte D den Traktor von S erworben und das Fahrzeug mitgenommen hat. E möchte wissen, ob er von D die Herausgabe des Traktors verlangen kann.

Lösung

I. Zum Aufbau

237 Beim Grundfall besteht der erste Schritt zur Lösung darin zu fragen, was S will, wenn er sich gegen die Pfändung „wehren" möchte, und mit welchem Rechtsbehelf er dieses Ziel erreichen kann. Die Abwandlung unterscheidet sich vom Grundfall erkennbar darin, daß nun in ein anderes Objekt, nämlich in das unbewegliche Vermögen vollstreckt wird.

Die Eingangsformulierung der Abwandlung weist bereits auf das Ergebnis des Grundfalles hin. Solchen Hinweisen dürfen Sie vertrauen. Sie sollten sich auch insoweit von der Vorstellung frei machen, der Aufgabensteller wolle Sie aufs Glatteis führen. Anderslautende

Verfahren der Zwangsvollstreckung

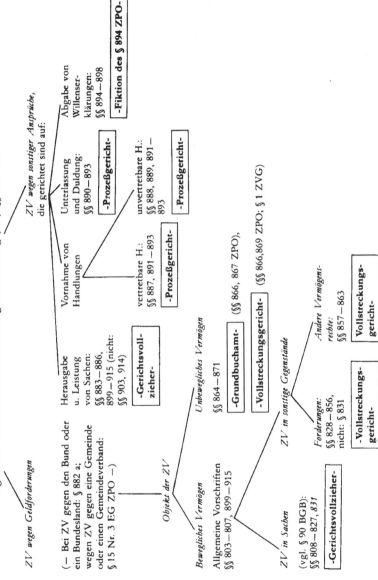

Auskünfte Ihrer Kommilitonen, Parolen, wonach etwa der eine oder andere Prüfer im mündlichen Teil des Examens „ein ganz scharfer Prüfer" sei, der zudem schlecht bewerte, sind zumeist falsch. Sie beruhen in aller Regel darauf, daß Ihr Informant selbst schlecht abgeschnitten hat und die Schuld dafür nicht bei sich sucht. So wie manche Rechtsanwälte einen verlorenen Prozeß gegenüber ihrem Mandanten mit vermeintlicher Unkenntnis des Gerichts zu begründen suchen, so ist es hier eben der Prüfer, der angeblich lichtvolle Ausführungen nicht verstanden hat oder dem Kandidaten von vornherein nur Böses wollte.

Zwei Beispiele können Sie vielleicht überzeugen. Vor meinem zweiten Staatsexamen grassierte die Furcht vor einem Prüfer, der als „Kopf-ab-..." (folgt der Name) bekannt war. Bei näherer Betrachtung mußte eigentlich auffallen, daß ein einzelner Prüfer nur geringen Einfluß auf die Gesamtnote, also auf Bestehen oder Nichtbestehen hat. Im mündlichen Teil meines Assessorexamens wurde ich dann zwar nicht mit diesem, wohl aber mit einem Prüfer konfrontiert, dem in der Sache derselbe Ruf vorausging. Er erwies sich als „harmlos". Besah man sich die Prüferprotokolle genauer, so fiel auf, daß der Betreffende nur von den Prüflingen mit den schlechten Examensergebnissen als „unangenehm", „ironisch" usw. eingestuft wurde.

Quintessenz: Die Beurteilung eines Prüfers/Dozenten durch Ihre Vorgänger sollte Sie nicht beeinflussen.

Für unseren (und jeden anderen) Fall bedeutet das, daß Sie Hilfen wie z.B. Vorgaben durch die Aufgabenstellung annehmen sollten.

II. Grundfall

238 S will sich gegen die Pfändung wehren. Er möchte, daß die Zwangsvollstreckung in den Traktor unterbleibt, die Pfändung aufgehoben wird. Das kann er dadurch erreichen, daß die Zwangsvollstreckung in den betreffenden Gegenstand für unzulässig erklärt wird.

S bringt keine Einwände gegen den Anspruch vor, den G vollstrecken will.[1] Er wendet sich vielmehr gegen das Handeln des Gerichtsvollziehers, rügt also das Verfahren der Vollstreckung.

Die ZPO bietet zwei Möglichkeiten, *Verfahrensfehler* bei der Zwangsvollstreckung *geltend zu machen*. Dies sind (1.) die *Vollstreckungserinnerung* nach § 766 ZPO und (2.) die *sofortige Beschwerde* nach § 793 ZPO.

---

[1] Wollte S den Bestand des dem Zahlungsurteil zugrunde liegenden materiellrechtlichen Anspruchs überprüfen lassen, wäre die Vollstreckungsgegenklage das richtige Mittel (dazu unten Rdn. 279 ff).

Bei der Lösung eines Falles dürfen Sie die Frage, welcher Rechtsbehelf der richtige ist, nicht losgelöst von einer Norm, quasi als Vorfrage, diskutieren. Beginnen Sie vielmehr mit einem einem Rechtsbehelf und stellen Sie im Rahmen der Zulässigkeitsprüfung fest, ob dieser Rechtsbehelf anwendbar ist. Hierbei können Sie zu anderen Rechtsbehelfen abgrenzen.

1. Zulässigkeit der Vollstreckungserinnerung nach § 766 ZPO

a) Statthaftigkeit

Mit der *Erinnerung* wird die Art und Weise der Zwangsvollstreckung oder das Verfahren des Gerichtsvollziehers (§ 766 I und II ZPO) gerügt. Gegen falsche Entscheidungen geht man mit der *sofortigen Beschwerde* (§ 793 ZPO) vor. 239

Das ist die Einteilung der ZPO. Sie reicht allerdings nicht mehr aus. Denn eines der vier Vollstreckungsorgane ist, wie Sie der Übersicht entnehmen, das Vollstreckungsgericht. Das ist das Amtsgericht (§ 764 I, II ZPO). Dort sind die meisten Geschäfte im Zwangsvollstreckungsverfahren auf den Rechtspfleger übertragen (§§ 3 Nr. 3a, 20 Nr. 17 RPflG). Das Rechtspflegergesetz, das in seiner jetzigen Fassung aus dem Jahre 1969 stammt und damit fast 100 Jahre jünger ist als die ZPO, sieht aber mit der *Rechtspflegererinnerung* (§ 11 I RPflG) einen besonderen Rechtsbehelf vor. Sie gilt dem Vorgehen des Rechtspflegers. Damit taucht zwangsläufig die Frage nach dem Verhältnis der drei Rechtsbehelfe auf.

Sie wird weitgehend so beantwortet: Die sofortige Beschwerde (§ 793 ZPO) und die Rechtspflegererinnerung (§ 11 I RPflG) richten sich gegen *Entscheidungen*, während die Vollstreckungserinnerung (§ 766 ZPO) gegen *Maßnahmen* in der Zwangsvollstreckung (§ 766 I ZPO: „Art und Weise der Zwangsvollstreckung") gegeben ist.[2] Das kann man sich anhand des Wortlauts der Vorschriften merken. 240

Wie unterscheidet sich nun eine Vollstreckungsmaßnahme von einer Entscheidung in der Zwangsvollstreckung? Die gängige Abgrenzung wird vom Begriff der Entscheidung her vorgenommen. Danach liegt eine *Entscheidung* vor, wenn ein *Antrag zurückgewiesen* oder nach *Anhörung des Antragsgegners* erlassen wird.[3] *Im übrigen* handelt es sich um *Maßnahmen* in der Zwangsvollstreckung.

---

[2] Nachw. bei *Schlosser*, ZPR II, Rdn. 131, 132; *Stein/Jonas/Münzberg*, § 766 Rdn. 3 ff; *Zöller/Stöber*, § 766 Rdn. 3.

[3] *Brox/Walker*, Rdn. 1177 ff; *Zöller/Stöber*, § 766 Rdn. 2, 3; **a.A.** *Baur/Stürner*, Rdn. 43.4. - Weil man dem Rechtspfleger auch bei einer gegen seine Maßnahme gerichteten Erinnerung (§ 766 ZPO) die Abhilfemöglichkeit gibt (vgl. § 11 II 1 RPflG), die Abhilfe aber nur nach Anhörung des Erinnerungsgegners erfolgen kann, ist die Abhilfe (z.B. die Aufhebung eines Pfändungs- und Überweisungsbeschlusses) eine Entscheidung.

241 Die Erinnerung nach § 766 ZPO ist bei *allen* Maßnahmen in der Zwangsvollstreckung eröffnet. Es kommt nicht darauf an, welches Vollstreckungsorgan tätig geworden ist. Erläßt also der Rechtspfleger einen Pfändungs- und Überweisungsbeschluß (§§ 829, 835 ZPO), ohne zuvor den Schuldner angehört zu haben (vgl. § 834 ZPO), kann der Schuldner gegen den Beschluß mit der Erinnerung nach § 766 ZPO vorgehen.

Liegt dagegen eine Entscheidung im Vollstreckungsverfahren vor, stellt sich die Frage, ob sie mit der sofortigen Beschwerde (§ 793 ZPO) oder mit der Rechtspflegererinnerung (11 I RPflG) anzufechten ist. Die Abgrenzung erfolgt gleichsam ad personam: Hat der *Richter* die Entscheidung getroffen (z.B. nach § 5 RPflG), findet die *sofortige Beschwerde* nach § 793 ZPO statt. Wenn der Rechtspfleger entschieden hat, ist allein die spezielle Rechtspflegererinnerung nach § 11 I RPflG gegeben.

242 Die Abgrenzung von Vollstreckungserinnerung, sofortiger Beschwerde und Rechtspflegererinnerung ist von erheblicher praktischer Bedeutung. Über die Vollstreckungserinnerung entscheidet der Richter des Vollstreckungsgerichts. Für die sofortige Beschwerde ist nach §§ 793, 568 Abs.1 ZPO hingegen das im Rechtszug nächsthöhere Gericht, also das Landgericht, zuständig. Sowohl das Vollstreckungsgericht selbst als auch das Landgericht kommen zum Zuge, wenn es um die Entscheidung über die Rechtspflegererinnerung geht: Der Richter des Vollstreckungsgerichts befindet über die Rechtspflegererinnerung, wenn er sie für zulässig und begründet hält; hält er die Erinnerung für erfolglos, muß er die Entscheidung dem Landgericht überlassen (sog. *Durchgriffserinnerung*, §§ 11 II 4, 5 RPflG).

243 An dieser Zuständigkeitsverteilung läßt sich übrigens gut erkennen, warum die Vollstreckungserinnerung nicht der richtige Rechtsbehelf ist, wenn der Antragsgegner vorher angehört, also eine *Entscheidung* im Vollstreckungsverfahren getroffen wurde. Eine Selbstüberprüfung, wie sie das Vollstreckungsgericht nach § 766 ZPO vornimmt, macht nur Sinn, wenn derjenige, der den Rechtsbehelf eingelegt hat, in diesem Verfahren erstmals gehört wird. Wenn dessen Argumente schon vor dem Erlaß der angegriffenen Entscheidung berücksichtigt wurden, sollte eine neuerliche Prüfung der nächsthöheren Instanz überlassen werden.[4]

Um alles dies nachvollziehen zu können, ist eine gehörige Portion praktischen Verständnisses erforderlich. Es handelt sich hier deshalb um Probleme, mit denen Sie vor allem in der Referendarzeit konfrontiert werden.

Im Grundfall ist die Vollstreckungserinnerung nach § 766 ZPO statthaft. Denn bei der Pfändung des Traktors handelt es sich um eine Vollstreckungsmaßnahme des Gerichtsvollziehers.

---

[4] *Brox/Walker*, Rdn. 1181.

b) Zuständigkeit

Für die Entscheidung über die Erinnerung ist das Vollstreckungsgericht (§ 766 ZPO), also das Amtsgericht (§ 764 I ZPO), *sachlich* zuständig. *Örtlich* zuständig ist das Amtsgericht, in dessen Bezirk das Vollstreckungsverfahren stattgefunden hat (§ 764 II ZPO). Beide Zuständigkeiten sind nach § 802 ZPO ausschließliche![5]
Funktionell ist der Richter zuständig (§ 20 Nr. 17 Buchst. a RPflG).

244

c) Form und Frist

Eine Erinnerungsfrist gibt es nicht. Auch eine Form ist nicht vorgeschrieben. Dennoch wendet man § 569 II ZPO analog an; die Erinnerung muß also schriftlich oder durch Erklärung zu Protokoll der Geschäftsstelle eingelegt werden.[6]

245

d) Beschwer

Die Erinnerung kann zulässig nur erheben, wer beschwert ist.[7]
(1.) Der *Schuldner* als von der Maßnahme Betroffener ist stets beschwert, wenn er einen Verfahrensfehler rügt.
(2.) Der *Gläubiger* ist beschwert, wenn das Vollstreckungsorgan seinem Antrag nicht entspricht, d.h. die Zwangsvollstreckung ablehnt, verzögert oder vom Antrag abweicht.
(3.) Für die Beschwer eines *Dritten* müssen drei Voraussetzungen erfüllt sein:
- Die Zwangsvollstreckung muß sich als *Eingriff in die Rechtssphäre* des Dritten darstellen,
- die Beschwer muß verfahrensrechtlicher Natur sein
- und die möglicherweise verletzte Verfahrensvorschrift muß zumindest auch dem *Schutz des Dritten* dienen.[8]

246

e) Rechtsschutzbedürfnis

Ein Rechtsschutzbedürfnis des Schuldners und eines Dritten besteht grundsätzlich vom Beginn der Zwangsvollstreckung bis zum Ende der angegriffenen Vollstreckungsmaßnahme. Für den Gläubiger ist das Rechtsschutzbedürfnis wegen der Regelungen in § 766 II ZPO gegeben, sobald und solange die vollstreckbare Ausfertigung erteilt ist.

Mehrfach habe ich Sie darauf hingewiesen, daß Unproblematisches gar nicht anzusprechen ist. Deshalb hätten Sie in einer schriftlichen Bearbeitung des Ausgangsfalls nur zur Statthaftigkeit der Erinnerung,

247

---

[5] Lesen Sie § 40 II ZPO!
[6] *Rosenberg/Gaul/Schilken*, § 37 VI 2 a; *Thomas/Putzo*, § 766 Rdn.18.
[7] Einzelheiten und Beispiele bei *Schreiber*, JURA 1992, 26, 27.
[8] *Schreiber*, aaO; *Lippross*, § 18 IV 6. Zur Beschwer eines Dritten s. auch Rdn. 294.

zur Zuständigkeit, zur Form und zum Rechtsschutzbedürfnis etwas schreiben dürfen.

2. Begründetheit der Erinnerung

248 Die Erinnerung ist begründet, wenn die Zwangsvollstreckungsmaßnahme unzulässig ist (§ 766 I ZPO), dem berechtigten Antrag des Gläubigers nicht entsprochen wird oder - bei einer Erinnerung gegen den Kostenansatz des Gerichtsvollziehers - die Kosten falsch berechnet (§ 766 II ZPO) oder entgegen § 788 ZPO nicht beim Schuldner beigetrieben wurden.

Hier ist die Erinnerung begründet, wenn die Pfändung des Traktors durch den Gerichtsvollzieher unzulässig war, weil die Voraussetzungen für den Beginn der Zwangsvollstreckung nicht vorlagen oder wesentliche Verfahrensvorschriften nicht beachtet wurden.

Zunächst zu den Voraussetzungen der Zwangsvollstreckung:

a) Vollstreckungsantrag

249 Wie auch sonst in der ZPO werden die Zwangsvollstreckungsorgane nur auf Antrag tätig. Daß diese Voraussetzung hier erfüllt ist, kann man daraus ersehen, daß nach dem Sachverhalt der Gerichtsvollzieher im „Auftrag" des G tätig wurde.

Dieser auch in §§ 753, 754 ZPO so bezeichnete *Auftrag* hat nichts gemein mit einem Auftrag im Sinne des BGB (§§ 662 ff BGB). Vielmehr handelt es sich der Sache nach um einen *Antrag* an den Gerichtsvollzieher. Dieser Antrag begründet zwischen dem Gerichtsvollzieher und dem Gläubiger ein öffentlichrechtliches Verhältnis. In dessen Rahmen wird der Gerichtsvollzieher hoheitlich tätig.

b) Zuständigkeit des Vollstreckungsorgans

250 Die sachliche Zuständigkeit ergibt sich aus der Beantwortung zweier Fragen: (1.) Weswegen wird vollstreckt? (2.) In welche Gegenstände wird vollstreckt?

251 Für die Vollstreckung *wegen* einer Geldforderung *in* bewegliches Vermögen ist der Gerichtsvollzieher (§§ 753, 754 ZPO), für die Zwangsvollstreckung *wegen* einer Geldforderung *in* Forderungen und andere Vermögensrechte ist das Vollstreckungsgericht zuständig (§ 828 ZPO).

Die Vollstreckung *wegen* einer Geldforderung *in* das unbewegliche Vermögen liegt teils in den Händen des Grundbuchamts (Eintragung einer Zwangshypothek, § 867 ZPO), teils in denen des Vollstreckungsgerichts (Zwangsversteigerung und Zwangsverwaltung, § 869 ZPO i.V.m. § 1 ZVG).

Die Zwangsvollstreckung *wegen* eines Anspruchs auf Vornahme ei- 252
ner Handlung oder auf Unterlassung obliegt dem Prozeßgericht des
1. Rechtszuges (§§ 887, 890 ZPO).

Die Zwangsvollstreckung *wegen* eines Anspruchs auf Herausgabe 253
oder Leistung von Sachen ist wieder Aufgabe des Gerichtsvollziehers
(§§ 883 I, 884 ZPO).

Wird jemand zur Abgabe einer Willenserklärung verurteilt, so wird 254
sie mit Eintritt der Rechtskraft fingiert (§ 894 ZPO).[9] Das ist der ein-
fachste Weg einer Zwangsvollstreckung, den das Gesetz kennt.

Die Übersicht in diesem Abschnitt (Rdn. 234) folgt exakt diesem Muster.
Das ist natürlich kein Zufall, sondern entspricht der Gesetzessystematik. Auch
die ZPO teilt zunächst nach dem Inhalt des Zwangsvollstreckungstitels ein und
differenziert sodann innerhalb der Zahlungstitel nach dem Gegenstand der
Zwangsvollstreckung.

Hier wird aus einem Zahlungsurteil, also wegen einer Geldforde- 255
rung vollstreckt.

Die weitere Frage richtet sich auf das Vollstreckungsobjekt. Bei na-
türlicher Betrachtungsweise handelt es sich bei einem Traktor um
eine bewegliche Sache. Trotzdem darf nicht voreilig von einer
Zwangsvollstreckung in bewegliche Sachen ausgegangen werden. Bei
rechtlicher Betrachtungsweise kann sich nämlich etwas anderes ergeben:

Der Pfändung durch den Gerichtsvollzieher unterliegen nur bewegliche Sachen (§§ 803 I 1, 808 I ZPO). Grundstücke und grundstücks-
gleiche Rechte sind Gegenstand der Immobiliarvollstreckung (§ 864 I
ZPO). Diese erfolgt z.B. durch Zwangsverwaltung (§ 866 I ZPO). Eine
Zwangsverwaltung hat die wirtschaftliche Nutzung des Grundstücks
zum Ziele (§ 152 ZVG). Sie wäre sinnlos, wenn allein das Grundstück,
nicht aber auch seine Bestandteile, seine Erzeugnisse und sein Zubehör von der Zwangsvollstreckung erfaßt würden.

Wesentliche Bestandteile eines Grundstücks sind Sachen, die ent- 256
weder mit dem Grund und Boden fest verbunden (§ 94 I BGB) oder
zur Herstellung eines Gebäudes auf dem Grundstück eingefügt sind
(§ 94 II BGB). Sie können nicht Gegenstand besonderer Rechte sein
(§ 93 BGB). Sie teilen also das Schicksal der Hauptsache, des Grundstücks, ohne daß es einer besonderen gesetzlichen Regelung bedarf.[10]

Zubehör (§§ 97, 98 BGB) ist zwar nicht mit einer anderen Sache 257
verbunden, hat aber wirtschaftlich betrachtet keine eigenständige

---

[9] Die Fiktion erfaßt die Willenserklärung als solche sowie deren Abgabe,
nicht aber z.B. den Zugang (Einzelheiten bei MünchKomm/*Schilken*, ZPO,
§ 894 Rdn. 13 ff).
[10] Ausgenommen sind nach § 95 BGB die sog. Scheinbestandteile. Bei ihnen
steht von vornherein fest, daß die Verbindung nach Ablauf einer gewissen
Zeit wieder gelöst wird.

Bedeutung. Denn es soll der Hauptsache dienen.[11] Diesem Zusammenhang trägt das Gesetz in § 1120 BGB und § 865 ZPO Rechnung: Nach § 1120 BGB gehört Zubehör zum Haftungsverband der Hypothek, nach § 865 II 1 ZPO darf es nicht vom Gerichtsvollzieher gepfändet werden.

§ 865 ZPO will die Erhaltung der wirtschaftlichen Einheit zwischen Grundstück und mithaftenden Gegenständen sichern[12]; deshalb gelangen Zubehörstücke auch dann in den Haftungsverband der Hypothek, wenn das Grundstück unbelastet ist.[13] Sie unterliegen zusammen mit dem Grundstück der Zwangsvollstreckung in das unbewegliche Vermögen durch Grundbuchamt oder Vollstreckungsgericht.

258 Der Traktor dient dem wirtschaftlichen Zweck des landwirtschaftlichen Grundstücks und ist damit Zubehör. Das ergibt sich auch aus § 98 Nr.2 BGB; dort wird beispielhaft das landwirtschaftliche Gerät als Grundstückszubehör genannt. Gem. § 865 I ZPO i.V.m. § 1120 BGB unterliegt der Traktor somit der Immobiliarvollstreckung. Deshalb war der Gerichtsvollzieher für die Vollstreckung nicht zuständig.

259 Weil der Gerichtsvollzieher bei einer Pfändung entgegen § 865 II 1 ZPO die *Grenzen seiner funktionellen Zuständigkeit* überschritten habe und damit eine *besonders schwere Gesetzesverletzung* vorliege, soll die Pfändung unheilbar nichtig sein.[14]

Andere halten die Pfändung entsprechend den verwaltungsrechtlichen Grundsätzen vom fehlerhaften Verwaltungsakt für rechtswidrig, aber wirksam.[15] Dann muß aber auch die Prämisse eine andere sein: Wenn man die Nichtigkeitsfolge bei funktioneller Unzuständigkeit nicht in Zweifel zieht, die Pfändung entgegen § 865 II 1 ZPO aber gleichwohl für wirksam hält, siedelt man das Problem nicht mehr bei den Zuständigkeitsregeln, sondern bei der Frage an, ob die Vorschriften über die Art und Weise der Zwangsvollstreckung verletzt sind.[16] Das erscheint richtig. Denn es gehört prinzipiell zum Aufgabenbereich des Gerichtsvollziehers, Traktoren - bewegliche Sachen - zu pfänden. Außerdem ist es eine Frage der rechtlichen Zuordnung, ob eine bewegliche Sache als Grundstückszubehör anzusehen ist oder nicht. Der

---

[11] Zu Bestandteilen und Zubehör vgl. im einzelnen *Schreiber*, Sachenrecht, 1993, Rdn.10 ff.
[12] *Zöller/Stöber*, § 865 Rdnr. 1.
[13] *Jauernig*, ZVR, § 22 II 3; MünchKomm/*Eickmann*, ZPO, § 865 Rn.25.
[14] Vgl. *Stein/Jonas/Münzberg*, vor § 704 Rdn. 130; ebenso zum Verstoß gegen § 865 II 1 ZPO RGZ 135, 197, 206; 153, 257, 259; OLG München, MDR 1957, 428; *Baumbach/Lauterbach/Albers/Hartmann*, § 865 Rdn. 12; *Zöller/Stöber*, § 865 Rdn. 11.
[15] *Gaul*, RPfleger 1971, 81, 88; *Brox/Walker*, Rdn. 207, 229; *Rosenberg/Gaul/Schilken*, § 49 II 6 e; MünchKomm/*Eickmann*, ZPO, § 865 Rdn. 61; *Thomas/Putzo*, § 865 Rdn. 5.
[16] So *Lippross*, § 13 II 5; dazu unten Rdn. 270.

Gerichtsvollzieher, der sich beim Zugriff auf Pfandobjekte schnell entscheiden muß, kann und soll aber keine rechtliche Prüfung vornehmen. Der Fehler ist nicht so schwerwiegend und offenkundig, daß von einem nichtigen und damit unbeachtlichen Pfändungsakt gesprochen werden kann. Auch wenn man einen fehlerhaften, aber wirksamen Pfändungsakt annimmt, sind die Interessen des Schuldners oder eines betroffenen Grundpfandgläubigers ausreichend geschützt. Denn beide können mit der Erinnerung (§ 766 ZPO) gegen die unzulässige Pfändung vorgehen.

Eine schwierige Frage - zugegeben! Aber wie so oft ist das Ergebnis von zweitrangiger Bedeutung. Wichtig ist nur, daß Sie sich die Zuständigkeitsverteilung klargemacht haben.

Fahren wir in der Prüfung fort. Welche weiteren Forderungen sind an die Rechtmäßigkeit der Zwangsvollstreckung zu stellen?

c) Die allgemeinen Verfahrensvoraussetzungen
Sie entsprechen den Prozeß- und Sachurteilsvoraussetzungen im Erkenntnisverfahren[17] und sind von den allgemeinen *Vollstreckungsvoraussetzungen* zu trennen. Sie können sich die Notwendigkeit beider Voraussetzungsgruppen daran merken, daß im Zusammenhang mit der Zwangsvollstreckung auch vom „Vollstreckungs-Prozeß" die Rede ist[18]: Wie für jeden Prozeß sind dessen Voraussetzungen zu fordern; hinzu kommen *die weiteren Erfordernisse*, die aus den Besonderheiten der Vollstreckung folgen. 260

Bei den allgemeinen Verfahrensvoraussetzungen ergeben sich folgende Besonderheiten gegenüber dem Erkenntnisverfahren:

aa) Zulässigkeit des Rechtswegs
Erforderlich ist, daß der *Zwangsvollstreckungstitel* entweder *nach der ZPO* zustande gekommen ist *oder* er zwar nach anderen Verfahrensvorschriften erwirkt wurde, das *8. Buch der ZPO* auf diesen „fremden" Titel aber für *anwendbar* erklärt ist (Beispiel: § 62 II ArbGG). 261

bb) Parteifähigkeit, Prozeßfähigkeit
Gläubiger und Schuldner müssen parteifähig sein. Prozeßfähigkeit hingegen ist grundsätzlich nur auf Seiten des Gläubigers erforderlich. Denn der Schuldner „erleidet" die Zwangsvollstreckung, er ist nur passiv beteiligt. Soweit er nicht selbst tätig wird, ist seine Prozeßfähigkeit darum ohne Belang. 262

---

[17] S. oben Rdn. 36 ff.
[18] *Rosenberg/Schwab/Gottwald*, § 1 IV 2.

cc) Postulationsfähigkeit

263 Sie fehlt den Parteien im Anwaltsprozeß (§ 78 ZPO). Vor dem Landgericht als Vollstreckungsorgan ist also anwaltliche Vertretung notwendig.

Wenn Sie die Zuständigkeitsverteilung in der Zwangsvollstreckung vor Augen haben[19], ist Ihnen klar, daß damit nur in einem kleinen Ausschnitt des Vollstreckungsverfahrens Anwaltszwang besteht: Sobald eine Zwangsvollstreckkung nach §§ 887, 888, 890 ZPO in Frage steht und ein LG als Prozeßgericht des 1. Rechtszugs tätig wurde, liegt die Zwangsvollstreckung notwendigerweise in den Händen des Anwalts. Seine Prozeßvollmacht schließt im übrigen Prozeßhandlungen in der Zwangsvollstreckung ein (§ 81 ZPO)!

dd) Rechtsschutzinteresse

264 Es besteht für den Zwangsvollstreckungsantrag, sobald ein Zwangsvollstreckungstitel vorhanden ist.

Angenommen, der zur Zahlung verurteilte Schuldner begleicht die titulierte Forderung; trotzdem beantragt der Gläubiger die Zwangsvollstreckung. Soll hier die Zulässigkeit des Antrags am Fehlen des Rechtsschutzinteresses scheitern?

Da das Erfordernis des Rechtsschutzinteresses den Mißbrauch prozessualer Institute verhindern soll[20], scheint dem Gläubiger in der Tat das Rechtsschutzinteresse zu fehlen. Der Schein trügt aber. Denn § 767 ZPO verteilt die Gewichte anders. Der Schuldner muß die Erfüllung durch Vollstreckungsgegenklage geltend machen, er muß also initiativ werden. Das zeigt, daß der Zwangsvollstreckungsantrag zulässig bleibt - mit einer Ausnahme: Der Gläubiger trägt in der Begründung seines Antrags selbst vor, der Schuldner habe bereits gezahlt; hier ist der Antrag schikanös, er ist mangels Rechtsschutzinteresses unzulässig.

d) Die allgemeinen Vollstreckungsvoraussetzungen

aa) Vorliegen eines Titels

265 Vom Zwangsvollstreckungstitel war schon mehrfach die Rede. Dabei handelt es sich um eine öffentliche Urkunde, in der ein Anspruch verbrieft ist.

Die wichtigsten Vollstreckungstitel sind:
- Endurteile, die entweder formell rechtskräftig (§ 705 S. 1 ZPO) geworden oder nach §§ 708 ff ZPO für vorläufig vollstreckbar erklärt sind (§ 704 I ZPO);
- die in § 794 ZPO aufgeführten Titel;

---

[19] Halten Sie sich ggfs. die Übersicht Rdn. 234 vor Augen.
[20] S. oben Rdn. 53.

Begründetheit der Erinnerung

- von den Titeln außerhalb der ZPO z.B. die Eintragung in die Konkurstabelle (§ 164 I, II KO).

bb) Erteilung der Vollstreckungsklausel
Wieder ein eigenartiger Begriff; zudem ist diese Einrichtung ohne praktische Anschauung schwer verständlich. 266
Machen Sie sich klar, wie der Zwangsvollstreckungstitel - etwa ein Urteil - aussieht: Da das Urteilsoriginal in den Gerichtsakten bleibt, wird dem Gläubiger nur eine Abschrift des Urteils ausgehändigt. Sie ist eine amtliche Abschrift, die im Rechtsverkehr die Urschrift ersetzen soll. Man bezeichnet eine solche Abschrift als Ausfertigung. Eine vollstreckbare Ausfertigung (§ 724 I ZPO) ist diese Abschrift damit noch nicht. Sie wird es erst, nachdem der Urkundsbeamte der Geschäftsstelle (dazu § 153 GVG i.V.m. § 724 II ZPO) den Bestand des Titels, seine Vollstreckungsfähigkeit und Vollstreckungsreife geprüft und dann die Klausel erteilt hat: „Vorstehende Ausfertigung wird dem usw (Bezeichnung der Partei) zum Zwecke der Zwangsvollstreckung erteilt" - so § 725 ZPO.[21]
Die Vollstreckungsklausel ist demnach die Bescheinigung der Vollstreckungsfähigkeit und Vollstreckungsreife auf der für den Gläubiger bestimmten Ausfertigung des Titels.

cc) Zustellung
Schließlich ist der Titel dem Schuldner zuzustellen (§ 750 ZPO). 267

e) Besondere Vollstreckungsvoraussetzungen
Das sind vor allem 268
- der Eintritt eines Kalendertages (§ 751 I ZPO),
- der Nachweis der Sicherheitsleistung (§ 751 II ZPO)[22],
- das Angebot der Gegenleistung bei Zug-um-Zug-Titeln (§ 756, 765 ZPO).

f) Fehlen von Vollstreckungshindernissen
Vollstreckungshindernisse sind besondere Umstände, die zur Einstellung der Zwangsvollstreckung führen. Im Unterschied zu den Vollstreckungsvoraussetzungen bleiben sie solange unberücksichtigt, 269

---

[21] Die qualifizierten Klauseln der §§ 726 ff ZPO bleiben hier außer Betracht. Lesen Sie dazu *Jauernig*, ZVR, § 4 III, IV.
[22] Das betrifft alle Urteile, die nur gegen Sicherheitsleistung des Gläubigers für vorläufig vollstreckbar erklärt wurden (§ 709 S. 1 ZPO). Die Sicherheitsleistung dient dem Schutz des Schuldners für den Fall, daß das Urteil der Überprüfung in der nächsten Instanz nicht standhält (vgl. § 717 II ZPO).

bis sie dem zuständigen Vollstreckungsorgan nachgewiesen werden oder es dienstliche Kenntnis davon erlangt.

Beispiele für Vollstreckungshindernisse: Die im Katalog des § 775 ZPO aufgeführten Fälle, die Konkurseröffnung (§ 14 KO), die Vergleichseröffnung (§§ 47, 48 VglO).

g) Rechtmäßigkeit der Vollstreckungsmaßnahme

270 Hier sind die vorstehenden Punkte wieder allesamt deswegen unproblematisch, weil der Sachverhalt insoweit nichts hergibt. Bei schriftlicher Bearbeitung dieser Aufgabe hätten sie nicht angesprochen werden sollen. Ich habe sie nur angeführt, um sie in Erinnerung zu rufen (und natürlich auch, um Sie gegebenenfalls zu bewegen, in diesen zum zivilprozessualen Grundwissen gehörenden Bereichen nachzulesen).

Die Pfändung wäre hier rechtswidrig, wenn der Gerichtsvollzieher in eine Sache vollstreckt hätte, die nur der Zwangsvollstreckung in das unbewegliche Vermögen - durch Zwangsversteigerung, Zwangsverwaltung oder Eintragung einer Zwangshypothek (§ 866 I ZPO) - unterliegt. Das ist, wie gesehen (Rdn. 258), der Fall.

271 *h)* Damit ist die Erinnerung des S begründet. Der Richter wird die Zwangsvollstreckung in den Traktor für unzulässig erklären.[23]

Abwandlung

272 E hat gegen den Besitzer D einen Herausgabeanspruch aus § 985 BGB, wenn er bei der Zwangsversteigerung des Grundstücks auch das Eigentum am Traktor erworben hat.

1. Zwangsvollstreckung in das unbewegliche Vermögen

273 Um die Frage nach den Eigentumsverhältnissen beantworten zu können, müssen die Grundzüge der Zwangsvollstreckung in das unbewegliche Vermögen klar sein. Sie kann entweder durch Eintragung einer Sicherungshypothek, durch Zwangsversteigerung oder durch Zwangsverwaltung erfolgen (§ 866 ZPO). Die ZPO enthält nur wenige Bestimmungen (§§ 864-879 ZPO) über die Zwangsvollstreckung in Grundstücke, weil die ZPO älter ist als das BGB und erst seit dessen Inkrafttreten ein einheitliches Grundstücksrecht gilt. Die einschlägigen Vorschriften finden sich überwiegend im Gesetz über die Zwangsversteigerung und Zwangsverwaltung - ZVG - (Nomos Textausgaben, Zivilrecht, Nr.34; Schönfelder, Deutsche Gesetze, Nr. 108).

---

[23] Die Kosten des Erinnerungsverfahrens hat der Antragsgegner, also der Gläubiger, zu tragen. Einzelheiten bei *Thomas/Putzo*, § 766 Rdn.30; *Zöller/Stöber*, § 766 Rdn. 34.

Lassen Sie sich nicht davon schrecken, wenn Sie in einer Klausur mit solchen, Ihnen weniger geläufigen Gesetzen arbeiten müssen. In der Regel sind diese Aufgaben leichter zu bewältigen als die gängigen Klausuren, weil von Ihnen kein Spezialwissen erwartet wird. Die Lösung ergibt sich meist bereits aus dem Gesetzestext.

Verschaffen wir uns zunächst einen Überblick über das Verfahren der Zwangsversteigerung. 274

a) Durch die Zwangsversteigerung soll das Grundstück selbst im Wege der Zwangsvollstreckung verwertet werden, um den Erlös zur Abdeckung der Forderung des Gläubigers zu verwenden. Es müssen folglich die oben bereits aufgeführten[24] Voraussetzungen der Zwangsvollstreckung vorliegen.

Die Zwangsversteigerung beginnt mit dem *Antrag* des Gläubigers (§§ 15, 16 ZVG) beim Amtsgericht als Vollstreckungsgericht (§§ 1, 15 ZVG). Es entscheidet durch den Rechtspfleger (§ 3 Nr.1 i RPflG).

b) Der Rechtspfleger ordnet die Zwangsversteigerung des Grundstücks durch *Versteigerungsbeschluß* an (§ 15 ZVG), der dem Schuldner von Amts wegen zugestellt wird (§§ 3, 8 ZVG).

c) Zugleich hat das Gericht das Grundbuchamt um Eintragung eines *Versteigerungsvermerks* in das Grundbuch zu ersuchen (§ 19 I ZVG).

d) Der Zwangsversteigerungsbeschluß gilt zugunsten des Gläubigers als *Beschlagnahme* des Grundstücks (§ 20 ZVG). Die Beschlagnahmewirkung tritt mit der Zustellung des Beschlusses an den Schuldner oder mit dem Zeitpunkt ein, in dem das Ersuchen um eine Eintragung des Versteigerungsvermerks dem Grundbuchamt zugeht, sofern auf das Ersuchen die Eintragung demnächst erfolgt (§ 22 I 1, 2 ZVG). Die Beschlagnahme hat die Wirkung eines *relativen Veräußerungsverbots* (§ 23 I ZVG). Eine verbotswidrige Verfügung des Schuldners über das Grundstück oder über einen zum Haftungsverband gehörenden Gegenstand ist also nur gegenüber dem Gläubiger unwirksam, zu dessen Gunsten die Beschlagnahme erfolgte (§§ 135, 136 BGB).[25]

e) Die Versteigerung erfolgt durch das Vollstreckungsgericht (§§ 35, 36 ZVG). Der *Versteigerungstermin* gliedert sich in drei Abschnitte (vgl. dazu §§ 66 I, II, 74 ZVG) und endet mit dem Zuschlag; er wird dem Meistbietenden erteilt (§ 81 I ZVG).

f) Durch den *Zuschlag* wird der Ersteher Eigentümer des Grundstücks (§ 90 I ZVG). Der Eigentumserwerb erfolgt aufgrund des staatlichen Hoheitsaktes.[26]

---

[24] S. oben Rdn. 248 ff.
[25] Dazu ausführlich *Brox/Walker*, Rdn. 861 ff; *Rosenberg/Gaul/Schilken*, § 62 I 3 a.
[26] RGZ 60, 48, 54; *Bruns/Peters*, § 34 V 1; *Jauernig*, ZVR, § 24 VII.

g) Nach der Erteilung des Zuschlags bestimmt das Gericht einen *Termin zur Verteilung des Veräußerungserlöses* (§ 105 I ZVG), in dem die Teilungsmasse festgestellt (§ 107 ZVG) und ein Teilungsplan aufgestellt (§ 113 ZVG) wird.

2. Zu unserem (Abwandlungs-)Fall

275 Durch den Zuschlag in der Zwangsversteigerung hat E das Eigentum an dem Traktor nach § 90 II ZVG kraft Hoheitsakts erworben, wenn sich die Versteigerung des Grundstücks auch auf den Traktor erstreckte.

Wie wir im Grundfall bereits festgestellt haben, wollte der Gesetzgeber verhindern, daß in der Zwangsvollstreckung die Einheit zwischen dem Grundstück und solchen beweglichen Sachen zerstört wird, die dem wirtschaftlichen Zweck des Grundstücks dienen. Deshalb teilen diese Gegenstände das Schicksal des Grundstücks und werden bei der Zwangsversteigerung vom Ersteher zusammen mit dem Grundstück erworben.

Das Gesetz regelt den Eigentumserwerb in einer komplizierten Verweisungskette:

Nach § 90 II ZVG erwirbt der Ersteigerer mit dem Grundstück zugleich die Gegenstände, auf welche sich die Versteigerung erstreckt. Damit verweist § 90 II ZVG auf § 55 ZVG, der zwei Fallgruppen unterscheidet:

276 *a)* Nach § 55 I ZVG erstreckt sich die Versteigerung des Grundstücks auf alle Gegenstände, deren Beschlagnahme noch wirksam ist. Die Beschlagnahme ist, wie wir bei dem Überblick über das Zwangsversteigerungsverfahren gesehen haben, in §§ 20 ff ZVG geregelt. Dort bestimmt § 20 II ZVG, daß die Beschlagnahme auch diejenigen Gegenstände umfaßt, auf welche sich bei einem Grundstück die Hypothek erstreckt. Der Hypothekenhaftungsverband ist Ihnen schon aus dem Grundfall bekannt; er ist in §§ 1120 ff BGB normiert. Beschlagnahmt wird danach insbesondere das Zubehör des Grundstücks, sofern es im Eigentum des Grundstückseigentümers steht (vgl. § 1120 a.E. BGB) und nicht nach §§ 1121, 1122 BGB aus dem Haftungsverband entfernt worden ist. Für den Erwerb von schuldnereigenem Zubehör bei der Versteigerung lautet die Paragraphenkette also: §§ 90 I, II, 55 I, 20 I, II ZVG, §§ 1120 ff BGB.

Der Traktor ist Grundstückszubehör gemäß §§ 97, 98 Nr. 2 BGB. S hat das Fahrzeug am 1. November an D veräußert. Dieser nahm es sofort mit, so daß das Zubehörstück bereits vom Grundstück des S entfernt war, als die Beschlagnahme durch die Zustellung des Beschlusses am 8. November wirksam wurde. Wenn ein Zubehörstück aber schon vor der Beschlagnahme veräußert und vom Grundstück entfernt wird, dann wird es nach § 1121 I BGB von der Haftung frei.

Es fällt deshalb nicht durch den Zuschlag in der Zwangsversteigerung in das Eigentum des Grundstückserstehers.[27]

b) Nach § 55 II ZVG kann sich die Versteigerung aber auch auf Zubehörstücke erstrecken, die nicht dem Schuldner gehören. Das gilt allerdings nur, wenn sie sich im Besitze des Schuldners oder eines neu eingetretenen Grundstückseigentümers befinden. Dadurch soll der Ersteher geschützt werden, der die Eigentumsverhältnisse nicht kennt und erwarten darf, daß sich das Gebot und damit der Zuschlag auf alle vorhandenen Zubehörstücke bezieht.[28] Der wirkliche Eigentümer des Zubehörstücks muß sein Recht nach § 37 Nr.5 ZVG in der Versteigerung geltend machen, um sich vor dem Rechtsverlust zu schützen.

277

Der Traktor war bei der Versteigerung nicht mehr im Besitz des S, Folglich erstreckte sich die Versteigerung auch nicht nach § 55 II ZVG auf die Maschine. E ist damit nicht Eigentümer des Traktors geworden. Ein Herausgabeanspruch aus § 985 BGB steht ihm gegen D nicht zu.

---

[27] Ist das Zubehör nicht vor der Beschlagnahme veräußert und entfernt worden, kann es nur aus dem Haftungsverband ausscheiden, wenn ein Gutglaubenserwerb die Beschlagnahme überspielt (§ 135 II bzw. § 1121 II 2 BGB, § 23 II ZVG) oder wenn die Zubehöreigenschaft innerhalb der Grenzen einer ordnungsgemäßen Wirtschaft aufgehoben wird (§§ 1122 II BGB, 23 I ZVG). Im einzelnen *Brox/Walker*, Rdn. 217 ff.
[28] BGH NJW 1969, 2135, 2136.

3. Abschnitt

Prozessuale Probleme:
Vollstreckungsgegenklage

Prozeßrechtliches/materiellrechtliches Problem:
Einwendungsausschluß bei der Vollstreckungsgegenklage

Fall 10 („Ärger zuhauf beim Autokauf")

W aus Düsseldorf will sich einen Zweitwagen kaufen. Im Februar begibt er sich zu der Kfz-Werkstatt Z, die mit dem Werbeslogan: „Aus alt wird neu durch Zauberei" neben der Werkstatt einen Gebrauchtwagenhandel betreibt. W entscheidet sich für ein 20 Jahre altes „neues" VW-Cabriolet zum Preis von 7.000,-- DM. Nach einer Anzahlung i.H.v. 3.000,-- DM und dem Versprechen, den Restkaufpreis in der ersten Märzwoche zu zahlen, erhält er den Wagen übergeben. W bezahlt den Restkaufpreis jedoch nicht. Nach mehreren vergeblichen Mahnschreiben leitet Z Anfang Juni das Mahnverfahren ein und erlangt Ende August einen rechtskräftigen Vollstreckungsbescheid i.H. des Restkaufpreises von 4.000,-- DM.

Ende September läßt W seinen Käfer bei einem großen Automobilclub komplett durchsehen. So erfährt W, daß es sich bei dem Wagen - entgegen der Zusage des Z - um ein Unfallfahrzeug handelt. W erhebt Vollstreckungsgegenklage mit der Begründung, er, W, sei bei dem Kauf des Autos von Z arglistig getäuscht worden und fechte deshalb jetzt „den Kaufvertrag" an.

Wie wird das Gericht entscheiden?

Abwandlung: Nach der Klageabweisung tritt T eine Forderung gegen Z i.H.v. 4.000,-- DM an W ab. Daraufhin erhebt dieser erneut Vollstreckungsgegenklage. Er führt an, die Vollstreckung aus dem Titel sei jetzt unzulässig, da er mit seiner Forderung gegen Z aufrechne.

Wie wird das Gericht entscheiden?

Lösung

I. Klageziel

Die Vollstreckungsgegenklage gem. § 767 ZPO, auch Vollstreckungsabwehrklage genannt, ist eine prozessuale Gestaltungsklage.[1] Mit ihr kann der Schuldner Einwendungen gegen den Titel erheben. Er macht, kurz gesagt, geltend, der Titel sei mittlerweile falsch, weil der materiellrechtliche Anspruch erloschen sei. Deshalb dürfe der Gläubiger aus diesem Titel nicht die Zwangsvollstreckung betreiben.

Der Klageantrag bei der Vollstreckungsgegenklage geht demgemäß dahin, die Zwangsvollstreckung aus dem genau bezeichneten Vollstreckungstitel für unzulässig zu erklären.

II. Zulässigkeit der Vollstreckungsgegenklage

1. Statthaftigkeit

Nach § 767 I ZPO ist die Klage statthaft, wenn der Kläger Einwendungen vorträgt, die den in dem Urteil festgestellten Anspruch selbst betreffen. Diese Einwendungen müssen materiellrechtlicher Natur sein.[2]

W macht geltend, von Z arglistig getäuscht worden zu sein und deswegen zu Recht angefochten zu haben. Ist das richtig, so wäre seine, des W, Willenserklärung nichtig, der Kaufvertrag also nicht wirksam. Damit beruft sich W auf eine Einwendung gegen den titulierten Anspruch, die ihre Grundlage im materiellen Recht hat.

Allerdings will W die Vollstreckung aus einem rechtskräftigen *Vollstreckungsbescheid* verhindern. Nach dem Wortlaut des § 767 I ZPO ist jedoch ein *Urteil* erforderlich. Die Anwendbarkeit der Vollstreckungsgegenklage auf Vollstreckungsbescheide ergibt sich aber aus § 794 I Nr. 4 ZPO i.V.m. § 795 ZPO (nach § 795 ZPO gelten die §§ 724 bis 793 ZPO und gilt somit auch § 767 ZPO für alle in § 794 ZPO genannten Vollstreckungstitel).

Die Vollstreckungsgegenklage des W ist somit statthaft.

279

280

---

[1] BGHZ 22, 54, 56; MünchKomm/*Karsten Schmidt*, ZPO, § 767 Rdn. 3 m.w.Nachw.

[2] Gemeint sind Einreden und Einwendungen i.S. des BGB; vgl. *Schreiber*, Jura 1992, 25, 29 (Fn. 47); MünchKomm/*Karsten Schmidt*, ZPO, § 767 Rdn. 58.

2. Allgemeine Prozeßvoraussetzungen

281 Weiterhin müßten die allgemeinen Prozeßvoraussetzungen vorliegen, insbesondere

a) die Zuständigkeit des angerufenen Gerichts.
Ausschließlich zuständig ist das Prozeßgericht der ersten Instanz, (§ 767 I ZPO i.V.m. § 802 ZPO[3]).
Welches Gericht ist aber zuständig, wenn der Titel wie hier im Mahnverfahren erlangt wurde? Zuständig ist das Gericht, welches für die Entscheidung einer entsprechenden Klage zuständig gewesen wäre (§ 795 ZPO i.V.m. § 796 III ZPO). Hätte Z die Restforderung eingeklagt, so wäre das Amtsgericht Düsseldorf sachlich (§§ 23 Nr. 1, 71 I GVG) und örtlich (§§ 12, 13 ZPO) zuständig gewesen. W wird daher die Vollstreckungsgegenklage bei dem Amtsgericht Düsseldorf erheben.

b) das Rechtsschutzbedürfnis für die Vollstreckungsgegenklage.[4]

282 Es ist gegeben, sobald ein Titel in der Welt ist. Die Vollstreckung braucht noch nicht begonnen zu haben, auch muß der Titel noch nicht einmal mit einer Vollstreckungsklausel versehen zu sein. Es fehlt, wenn die Zwangsvollstreckung beendet ist, d. h. der Erlös ausgekehrt wurde.[5]

Im August erließ das Gericht auf Antrag des Z den Vollstreckungsbescheid[6], der mangels Einspruchs des W auch rechtskräftig wurde. Das Rechtsschutzbedürfnis ist daher gegeben.

Wie wäre es zu beurteilen, wenn der Gläubiger aus einem Urteil vorgeht, der Schuldner bereits Berufung gegen das Urteil eingelegt hat und jetzt Vollstreckungsgegenklage erhebt? Hier fehlt das Rechtsschutzinteresse für die Vollstreckungsgegenklage.[7] Denn mit der Berufung kann das Urteil beseitigt werden. Sie bietet daher einen über die Vollstreckungsgegenklage hinausreichenden Rechtsschutz. Allerdings läßt *nicht* schon die *Möglichkeit*, gegen das Urteil mit der Berufung vorgehen zu können, das Rechtsschutzinteresse für die Vollstreckungsgegenklage entfallen.

Ist ein Prozeßvergleich Vollstreckungstitel und macht der Kläger die Unwirksamkeit des Prozeßvergleichs geltend, so fehlt ihm ebenso

---

[3] Dazu bereits oben Rdn. 243.
[4] Zum Rechtsschutzbedürfnis allgemein Rdn. 53.
[5] *Jauernig*, ZVR, § 12 I; *Thomas/Putzo*, § 767 Rdn. 14 ff.
[6] Beachten Sie, daß die Gerichtsferien (vgl. § 199 GVG) auf das Mahnverfahren keinen Einfluß haben (§ 202 GVG).
[7] *Stein/Jonas/Münzberg*, § 767 Rdn. 41; *Thomas/Putzo*, § 767 Rdn. 15.

das Rechtsschutzinteresse. Da der ursprüngliche Prozeß mangels Prozeßvergleichs nicht beendet wurde, ist der Prozeß fortzusetzen.[8]

III. Begründetheit der Vollstreckungsgegenklage

Die Vollstreckungsgegenklage ist begründet, wenn 283
1. die *Sachbefugnis* gegeben ist, d.h. der Kläger Vollstreckungsschuldner - wie hier W - und der Beklagte Vollstreckungsgläubiger - wie hier Z - ist;
2. dem Schuldner eine materiellrechtliche Einwendung gegen den Anspruch *zusteht*;[9]
3. diese Einwendung nicht durch § 767 II, III ZPO ausgeschlossen (präkludiert) ist.

Mit § 767 II ZPO hat der Gesetzgeber den Schutz der Rechtskraft sicherstellen wollen: „Irgendwann muß Schluß sein". Daraus folgt, daß § 767 II ZPO keine Wirkung entfaltet, sofern ein Titel der Rechtskraft nicht fähig ist. Derartige Titel sind z.b. gerichtliche und notarielle Urkunden (vgl. § 797 IV ZPO), Kostenfestsetzungsbeschlüsse und Prozeßvergleiche.[10]

a) Zu welchem Zeitpunkt entstehen die Gründe, auf denen die Einwendungen beruhen, bei Gestaltungsrechten (z.B. Aufrechnung, Anfechtung)?

Von der Beantwortung dieser Frage hängt in der Praxis für den 284 Schuldner viel ab, denn sie entscheidet darüber, ob er gegebenenfalls mit einer - an sich berechtigten - Einwendung in der Vollstreckungsgegenklage präkludiert ist, sich damit also nicht gegen die Vollstreckung aus dem Titel wehren kann.

Nach einer in der Literatur vielfach vertretenen Ansicht gehört zum Entstehungstatbestand der Einwendung bei Gestaltungsrechten deren *Ausübung*, weil erst dadurch der Anspruch vernichtet werde. Außerdem sei die Abweichung von den Fristen des materiellen Rechts - die Anfechtungsfrist ist u.U. erst nach 30 Jahren verstrichen (§§ 121 II, 124 III BGB) - nicht interessengerecht.[11]

Weil diese Auffassung aber zur Vollstreckungsverschleppung und 285 zu einer Aushöhlung der Rechtskraft führen kann, zudem der Aus-

---
[8] BGH NJW 1983, 996, 997; s. auch *Schreiber*, Jura 1992, 25, 30 m.w.Nachw.
[9] Für die Zulässigkeit der Vollstreckungsgegenklage reicht es aus, daß der Kläger sich auf eine derartige Einwendung *beruft*. Jetzt ist zu prüfen, ob die Einwendung wirklich *besteht*.
[10] *Schreiber*, Jura 1992, 25, 30; *Jauernig*, ZVR, § 12 II m.w.Nachw.
[11] So *Schlosser*, ZPR II, Rdn. 114; *Stein/Jonas/Münzberg*, § 767 Rdn. 32, 33; *Thomas/Putzo*, § 767 Rdn. 22.

nahmecharakter des § 767 ZPO erhalten bleiben soll, stellt die Rechtsprechung allein auf die *Befugnis zur Ausübung des Gestaltungsrechts* ab (z.B. Bestehen des Anfechtungs*grundes*)[12]. Bestand also für den Kläger objektiv -also unabhängig von seiner Kenntnis- die Möglichkeit, das Gestaltungsrecht bereits vor Schluß der mündlichen Verhandlung des Vorprozesses geltend zu machen, so ist er in der Vollstreckungsgegenklage mit dem Vortrag präkludiert. Anderes soll freilich gelten, wenn es um ein *vertraglich* eingeräumtes Gestaltungsrecht gehe.[13]

Mit der letztgenannten Einschränkung wich der BGH von seiner bisherigen Rechtsprechung ab. In dem entschiedenen Fall war ein Mieter zur Räumung verurteilt worden. Mit der Vollstreckungsgegenklage machte er geltend, ihm stehe ein vertragliches Mietoptionsrecht zu, das er nunmehr ausübe. Hier - so der BGH - sei ausnahmsweise nicht der Entstehungszeitpunkt ausschlaggebend. Denn durch das Mietoptionsrecht werde dem Mieter ja gerade die Möglichkeit eingeräumt, erst am Ende der vereinbarten Vertragszeit zu entscheiden, ob das Mietverhältnis durch die Inanspruchnahme der Option verlängert werden solle.[14]

286 Eine dritte, modifizierende Ansicht will einerseits Härten vermeiden, andererseits das Argument der Vollstreckungsverschleppung entkräften: Demnach soll eine *Aufrechnung* nach der letzten Tatsachenverhandlung in Analogie zu § 530 II ZPO bei einer Vollstreckungsgegenklage nur Berücksichtigung finden, wenn sie sachdienlich ist. *Andere Einwendungen* sollen nur dann beachtlich sein, wenn sie nicht aus grober Nachlässigkeit erst nach der letzten Tatsachenverhandlung vorgebracht werden[15], weil der Kläger z.B. von der Einwendung erst nach dem Erlaß des Vollstreckungstitels erfuhr.

Im *Ausgangsfall* ist W beim Abschluß des Kaufvertrags von Z arglistig getäuscht worden. Nach der Rechtsprechung ist W mit seinem Vortrag präkludiert. Das Gericht wird die Vollstreckungsgegenklage somit als unbegründet abweisen.

b) Was bedeutet § 767 II letzter Halbs. ZPO („und durch Einspruch nicht mehr geltend gemacht werden können")?

287 Dieser Halbsatz bezieht sich auf Vollstreckungsgegenklagen gegen Versäumnisurteile (vgl. § 338 ZPO).[16] Danach sind Einwendungen im

---

[12] So BGHZ 34, 274, 279 f; 42, 37, 39 f; 94, 33, 35; ebenso *Baumbach/Lauterbach/Albers/Hartmann*, § 767 Rdn. 52 f.
[13] BGHZ 94, 29 ff; dazu *Jauernig*, ZVR, § 12 II.
[14] BGHZ 94, 29, 31 f.
[15] So *Jauernig*, ZVR, § 12 II; diff. *Schlosser*, ZPR II, Rdn. 112 f.
[16] Dasselbe gilt nach § 796 II ZPO für Vollstreckungsbescheide. - § 767 Abs. 2 ZPO stellt auf den Schluß der mündlichen Verhandlung ab. Mangels mündlicher Verhandlung ist beim Vollstreckungsbescheid dessen Zustellungszeitpunkt maßgebend (*Jauernig*, ZVR, § 12 II).

Wege des § 767 ZPO gegen ein Versäumnisurteil jedenfalls solange nicht möglich, wie noch der Einspruch zulässig ist.

Wie aber, wenn der beklagte Schuldner seine Einwendungen durch Einspruch *hätte geltend machen können*, von dieser Möglichkeit jedoch keinen Gebrauch gemacht hat? Soll er nun noch zur Vollstreckungsgegenklage greifen dürfen?

Die Antwort ist streitig, obwohl der Wortlaut des § 767 II ZPO eindeutig ist. Danach kommt es allein darauf an, ob jetzt noch der Einspruch zulässig ist: Falls ja, soll nur die Einspruchsmöglichkeit gegeben sein; ist die Einspruchsfrist abgelaufen, sperrt § 767 II ZPO den Zugriff auf die Vollstreckungsgegenklage nicht.[17] - Andererseits sind damit für Einwendungen gegen ein Versäumnisurteil Tür und Tor geöffnet. Vom Zweck des § 767 II ZPO her, Vollstreckungsgegenklagen zu vermeiden, liegt darum die andere Lesart des § 767 II ZPO näher: Einwendungen, die der Schuldner schon durch Einspruch gegen das Versäumnisurteil geltend machen *konnte*, sind durch § 767 II ZPO ausgeschlossen.[18]

Abwandlung

Möglicherweise ist W mit seinem Vortrag, er rechne jetzt mit seiner Forderung auf, wegen § 767 III ZPO präkludiert. Das wäre dann der Fall, wenn er die Aufrechnung bereits im Vorprozeß hätte vorbringen können.

Gem. § 767 III ZPO hat der Schuldner alle Einwendungen in der Vollstreckungsgegenklage geltend zu machen, zu deren Vorbringen er bei Klageerhebung[19] imstande war. Mit dieser Vorschrift soll vermieden werden, daß der Kläger seine relevanten Einwendungen gleichsam ratenweise vorbringt.[20] Sie gilt auch für Titel, die nicht der Rechtskraft fähig sind.[21]

W erwarb die Forderung erst nach Abweisung der ersten Vollstreckungsgegenklage. Er konnte daher die Aufrechnung im Vorprozeß nicht vorbringen und ist mithin nicht präkludiert.

---

[17] Z.B. *Jauernig*, ZVR, § 12 II; *Stein/Jonas/Münzberg*, § 767 Rdn. 40 m.w.Nachw.
[18] So BGH NJW 1982, 1812 (für die entspr. Regelung in § 323 II ZPO); *Baur/Stürner*, ZVR, Rdn. 45.15; *Thomas/Putzo*, § 767 Rdn. 21.
[19] Dazu *Brox/Walker*, Rdn. 1354 ff.
[20] *Schreiber*, Jura 1992, 25, 31; *Thomas/Putzo*, § 767 Rdn. 23; *Zöller/Herget*, § 767 Rdn. 22.
[21] *Brox/Walker*, Rdn. 1353; *Thomas/Putzo*, § 767 Rdn. 25.

4. Abschnitt

Prozessuale Probleme:
Drittwiderspruchsklage
Klage auf vorzugsweise Befriedigung
Formalisierte Zwangsvollstreckung
Ausschließliche Gerichtsstände in der Zwangsvollstreckung
Absonderung und Aussonderung im Konkurs
Verstrickung
Pfändungspfandrecht

Prozeßrechtliches/materiellrechtliches Problem:
Sicherungseigentum in der Zwangsvollstreckung

Fall 11 („Sicherheit durch Sicherung?")

C benötigte zur Finanzierung eines Autokaufs einen Kredit und wandte sich deshalb an die Finanzierungsbank A. Die Bank gewährte ihm ein Darlehen in Höhe von 20.000,-- DM. Beide vereinbarten, daß C der A das Fahrzeug zur Sicherheit übereignet. Ferner verpflichtete sich C, A monatliche Raten in Höhe von 500,-- DM zu zahlen. Der Kfz-Brief verblieb bei A. C sollte zur leihweisen Benutzung des PKW berechtigt sein.

Wenige Monate später wurde das Fahrzeug bei C von dem Gerichtsvollzieher wegen einer Unterhaltsforderung der geschiedenen Ehefrau des C, B, in Höhe von 15.000,-- DM aus einem gerichtlichen Vergleich gepfändet. Als die Versteigerung droht, teilt C, der weiterhin seine Raten gezahlt hat, A dies mit.

A will die drohende Versteigerung verhindern. Sollte dies nicht möglich sein, so will sie zumindest auf den Versteigerungserlös zugreifen können.

Abwandlung: A erfährt erst nach der öffentlichen Versteigerung des PKW von den Vorgängen. D, der wußte, daß der Wagen nicht im Eigentum des C stand, hat ihn dort erworben. Hat D einen Anspruch aus § 985 BGB auf Herausgabe des Kfz-Briefes?

Lösung (Ausgangsfall)

I. Zur Problematik

Der Fall enthält eine immer wiederkehrende Problematik aus schriftlichen Übungs- und Examensarbeiten: Es geht um das *Sicherungseigentum* als ein *die Veräußerung hinderndes Recht* i.S. des § 771 ZPO. Die Konstellation bietet sich zu Prüfungszwecken an, weil in zwangsvollstreckungsrechtlichem Gewand materiellrechtliche Probleme zur Erörterung gestellt werden können.

289

II. Rechtliche Überlegungen

Nach dem Sachverhalt will sich ein Dritter, also eine Person, die weder Vollstreckungsgläubiger noch Vollstreckungsschuldner ist, gegen die Zwangsvollstreckung zur Wehr setzen.

290

Nebenbei gefragt: Wie können überhaupt Rechte Dritter durch die Zwangsvollstreckung tangiert werden, wenn doch Vollstreckungsgegenstand nur das Vermögen des Vollstreckungsschuldners ist?[1] Sie haben vielleicht schon einmal den Begriff „formalisierte Zwangsvollstreckung"[2] gehört. Um dem Vollstreckungsverfahren Effizienz zu verleihen und es nicht mit materiellrechtlichen Fragen zu belasten, ist den Vollstreckungsorganen lediglich die Beachtung der für das Verfahren maßgeblichen Vorschriften aufgegeben. Die materielle Rechtslage überprüfen sie grundsätzlich nicht. Die Vollstreckung richtet sich vielmehr nach leicht feststellbaren äußeren Merkmalen. So muß der Gerichtsvollzieher bei der Zwangsvollstreckung wegen Geldforderungen in das bewegliche Vermögen lediglich prüfen, ob der *Vollstreckungsschuldner Gewahrsamsinhaber* ist (§ 808 ZPO); handelt es sich um Gegenstände, die sich im *Besitz von Ehegatten* befinden, erleichtert ihm das Gesetz die Arbeit, indem es die unwiderlegliche Vermutung[3] aufstellt, daß der Schuldner Alleingewahrsam hat (§ 739 ZPO, § 1362 BGB). Soll eine Forderung des Schuldners gepfändet werden (§§ 828 ff ZPO), so muß der Gläubiger ihr Bestehen lediglich schlüssig vortragen (§ 829 ZPO)[4].

291

Bei einem derart formalisierten Verfahren liegt es auf der Hand, daß die Zwangsvollstreckung Rechte Dritter verletzen kann. In wessen Eigentum eine bewegliche Sache steht, ist für den Gerichtsvollzieher

---

[1] BGHZ 11, 37, 41; 67, 378, 383.
[2] Ausführlich dazu *Rosenberg/Gaul/Schilken*, § 5 IV.
[3] OLG Düsseldorf, DGVZ 1981, 114; *Stein/Jonas/Münzberg*, § 739 Rdn. 10.
[4] *Zöller/Herget*, § 771 Rdn. 2.

nicht erkennbar. Ob die gepfändete Forderung des Schuldners gegen den Drittschuldner wirklich besteht, kann das Vollstreckungsgericht ebenfalls nicht erkennen.

292 Allerdings sind auch Situationen denkbar, in denen es sich dem Gerichtsvollzieher geradezu aufdrängen muß, daß die ins Auge gefaßten Vollstreckungsgegenstände im Eigentum eines Dritten stehen.[5] In den wenigen Ausnahmefällen *offensichtlichen Fremdeigentums* ist eine Pfändung rechtswidrig.[6] Der Dritte kann deshalb erfolgreich Erinnerung (§ 766 ZPO) gegen die Art und Weise der Zwangsvollstreckung einlegen.

293 *Zurück zum Fall:* A will die drohende Versteigerung des Fahrzeugs verhindern. Er braucht folglich einen Rechtsbehelf, auf den er sich als Dritter stützen kann. Die Rechtsbehelfe in der Zwangsvollstreckung, mit denen wir uns bisher beschäftigt haben, standen aber entweder dem Gläubiger oder dem Schuldner zu.[7] Wird jedoch das materielle Recht eines Dritten durch die Zwangsvollstreckung berührt, so gibt ihm das Gesetz als „Korrektiv"[8] zur formalisierten Zwangsvollstreckung einen eigenen Rechtsbehelf an die Hand: die *Drittwiderspruchsklage* gem. § 771 ZPO. Sie ist nach h.M. eine prozessuale Gestaltungsklage.[9] Mit der Drittwiderspruchsklage kann der Dritte sich gegen jede Art der Zwangsvollstreckung aus jedem Vollstreckungstitel[10] wehren. Kläger ist der betroffene Dritte, Beklagter ist der Vollstreckungsgläubiger[11].

Gibt das Gericht der Klage des Dritten statt, so hebt es nicht etwa die Zwangsvollstreckungsmaßnahme auf, sondern erklärt die Zwangsvollstreckung in den Vollstreckungsgegenstand für unzulässig; mit dem rechtskräftigen oder für vorläufig vollstreckbaren Urteil erreicht der Dritte sodann die Einstellung der Zwangsvollstreckung (§§ 775 Nr. 1, 776 ZPO).

---

[5] Ein Beispiel zu evidentem Dritteigentum finden Sie bei *Lackmann*, Zwangsvollstreckungsrecht, 3. Auflage, Rdn. 547.
[6] BGH ZZP 70, 251.
[7] Vgl. Rdn. 245 und Rdn. 281.
[8] BGHZ 58, 207, 213.
[9] BGHZ 58, 207, 213, 214; *Rosenberg/Gaul/Schilken*, § 41 II; MünchKomm/*Karsten Schmidt*, ZPO, § 771 Rdn. 3; *Thomas/Putzo*, § 771 Rdn. 1. Nach a.A. handelt es sich bei ihr um eine abgewandelte Beseitigungs- oder Unterlassungsklage (*A. Blomeyer*, § 35 II) oder eine Klage eigener Art (*Prütting/Weth*, Jus 1988, 505, 506 f). Dieser theoretische Streit muß Sie bei der Lösung des Falles nicht interessieren. Eine ausführliche Darstellung finden Sie bei *Rosenberg/Gaul/Schilken*, § 41 II 2.
[10] MünchKomm/*Karsten Schmidt*, ZPO, § 771 Rdn. 7; *Thomas/Putzo*, § 771 Rdn. 6.
[11] MünchKomm/*Karsten Schmidt*, ZPO, § 771 Rdn. 53.

Wegen der Vollstreckung aus dem gerichtlichen Unterhaltsvergleich (§ 794 I Nr. 1 ZPO) kann A somit Drittwiderspruchsklage gegen B erheben.

Noch einmal zurück zur Vollstreckungserinnerung gem. § 766 ZPO. Auch die Vollstreckungserinnerung eines Dritten ist *statthaft*, wenn die möglicherweise verletzte Vorschrift drittschützend ist. *Begründet* ist sie jedoch nur, wenn die detaillierte Überprüfung dieser Vorschrift ergibt, daß der Gerichtsvollzieher bei der Zwangsvollstreckung Vorschriften mißachtet hat, die auch dem Schutz des Dritten zu dienen bestimmt sind.[12] Ein mit dem Schuldner zusammenlebendes Familienmitglied kann z.b. erfolgreich Erinnerung einlegen, wenn der Gerichtsvollzieher eine Pfändung unter Verletzung von § 811 Nr. 1 ZPO vorgenommen hat. 294

Vor Beginn der Prüfung des Falles müssen Sie deshalb zuerst überlegen, ob der Dritte gegen die Art und Weise der Vollstreckung durch den Gerichtsvollzieher vorgehen will, also formelle Verstöße rügt, oder ob es sein Ziel ist, die drohende Vollstreckung unter Berufung auf sein materielles Recht abzuwenden.

Hier will A als Sicherungseigentümerin verhindern, daß eine Sache versteigert wird, die ihr gehört. Sie beruft sich also auf ihr Eigentum. Das Gutachten sollte deshalb mit der Prüfung der Drittwiderspruchsklage beginnen.

III. Ausgangsfall

A könnte sich gegen die Zwangsvollstreckung aus dem gerichtlichen Vergleich in das Fahrzeug wehren, indem sie Drittwiderspruchsklage gem. § 771 ZPO erhebt.

1. Zulässigkeit der Drittwiderspruchsklage

a) Die Drittwiderspruchsklage ist *statthaft*, wenn die Klägerin A sich auf ein ihr an dem Vollstreckungsgegenstand zustehendes materielles Recht beruft. Dies haben wir soeben bejaht: A beruft sich gegenüber B auf ihr (Sicherungs-)Eigentum. 295

Hinweis: A kann hier nicht unter Berufung auf ihr Eigentum Klage auf Herausgabe gem. § 985 BGB erheben. Die Drittwiderspruchsklage geht als speziellerer Rechtsbehelf vor. Die Herausgabeklage sowie jede andere Zivilklage wäre unstatthaft und somit unzulässig[13].

b) Örtlich zuständig ist gem. § 771 I ZPO das Gericht, in dessen Bezirk die Zwangsvollstreckung erfolgt. Die *sachliche Zuständigkeit* richtet sich nach dem Streitwert (§ 1 ZPO; §§ 23 Nr. 1, 71 I GVG). Er 296

---

[12] *Brox/Walker*, Rdn. 1198 f; MünchKomm/*Karsten Schmidt*, ZPO, § 766 Rdn. 27. Zur Statthaftigkeit der Vollstreckungserinnerung oben Rdn. 245.
[13] BGHZ 58, 207, 213; *Rosenberg/Gaul/Schilken*, § 41 XII 2.

ist nach der Forderung zu bestimmen, wegen der vollstreckt wird (§ 6 S. 1 ZPO) oder, wenn der Wert des gepfändeten Gegenstandes geringer ist, nach dessen Wert (§ 6 S. 2 ZPO).
Die Gerichtsstände des 8. Buches der ZPO sind ausschließliche (§ 802 ZPO); das gilt sowohl für die örtliche als auch für die sachliche Zuständigkeit.[14] Dies hat zur Folge, daß die Parteien die Zuständigkeit weder abbedingen noch durch rügelose Einlassung begründen können (§ 40 II ZPO).[15] Wenn jedoch - wie bei § 771 ZPO - keine Bestimmung über die sachliche Zuständigkeit getroffen ist, so ist diese nicht ausschließlich; alsdann gelten die allgemeinen Vorschriften der §§ 23, 71 GVG.
Im vorliegenden Fall vollstreckt B wegen einer Forderung von 10.000,-- DM. Sachlich zuständig ist gem. § 23 Nr. 1 GVG deshalb das Amtsgericht.

297 c) *Prozeßführungsbefugt*[16] ist bei der Drittwiderspruchsklage grundsätzlich nur ein Dritter, also derjenige, der weder Vollstreckungsgläubiger noch Vollstreckungsschuldner ist[17]. Hier hat A als Dritte die notwendige Prozeßführungsbefugnis.[18]

298 d) Schließlich müßte A ein *Rechtsschutzinteresse* haben. Das Rechtsschutzbedürfnis für die Drittwiderspruchsklage entsteht, sobald die Vollstreckung durch konkrete Vollstreckungsmaßnahmen begonnen hat. Denn erst in diesem Zeitpunkt steht fest, auf welchen Gegenstand der Gläubiger zugreifen will.[19] Das Rechtsschutzbedürfnis entfällt, wenn die Zwangsvollstreckung beendet ist.[20] Das setzt voraus, daß der Vollstreckungsgläubiger wegen seiner Forderung befriedigt ist und die Kosten der Vollstreckung (§ 788 ZPO) gedeckt sind[21].

In diesem Fall bestehen keine Zweifel am Vorliegen des Rechtsschutzinteresses. Das Fahrzeug ist bereits gepfändet worden, seine Versteigerung droht.

2. Begründetheit der Drittwiderspruchsklage

299 Die Drittwiderspruchsklage ist begründet, wenn A an dem PKW ein die Veräußerung hinderndes Recht hat und dem Recht der A keine Einwendungen der Beklagten B entgegenstehen.

---

[14] *Thomas/Putzo*, § 802 Rdn. 1; *Zöller/Herget*, § 802 Rdn. 1.
[15] S. bereits Rdn. 243.
[16] Zur Prozeßführungsbefugnis Rdn. 46.
[17] *Jauernig*, ZVR, § 13 II; *Zöller/Herget*, § 771 Rdn. 10.
[18] Ausnahmsweise ist auch der Schuldner prozeßführungsbefugt, wenn er nicht mit dem Vermögen haftet, in das vollstreckt werden soll (ausführlich dazu *Lippross*, § 46 III [Fall 89]).
[19] *Rosenberg/Gaul/Schilken*, § 41 VII.
[20] *Thomas/Putzo*, § 771 Rdn. 11.
[21] *Thomas/Putzo*, Vorbem. § 704 Rdn. 29.

Begründetheit der Drittwiderspruchsklage

a) Der *Begriff des die Veräußerung hindernden Rechts* ist mißverständlich. Denn selbst das stärkste Recht, das Eigentum, kann ein Nichtberechtigter wegen § 932 BGB wirksam einem gutgläubigen Dritten verschaffen. Der in § 771 ZPO gebrauchte Begriff ist deswegen nicht wörtlich zu verstehen. Vielmehr sind solche Rechte gemeint, die der Vollstreckungsschuldner nicht übertragen kann, ohne den Rechtskreis des Dritten dadurch widerrechtlich zu tangieren.[22]

Auf den Fall übertragen ist also zu fragen, ob C gegenüber A widerrechtlich handeln würde, wenn er den PKW veräußern würde. Wäre A Eigentümerin, so würde C ihr Eigentum durch die Veräußerung verletzen. Eigentum ist daher das „die Veräußerung hindernde Recht" schlechthin.

Streitig ist aber, ob das Sicherungseigentum dem Eigentum gleichsteht. 300

Um den Streit zu verstehen, sollten Sie sich zunächst die materielle Rechtslage bei der Sicherungsübereignung[23] anhand des Falles verdeutlichen: A und C haben drei voneinander zu trennende Rechtsgeschäfte abgeschlossen, nämlich
- den Darlehensvertrag;
- den Sicherungsvertrag, aus dem sich die Rechte und Pflichten von Sicherungsgeber (C) und Sicherungsnehmer (A) hinsichtlich des Sicherungsgutes ergeben. Das ist namentlich die Pflicht des C, das Sicherungsgut auf A zu übertragen, ferner deren Recht, es zu verwerten, sofern der Sicherungsgeber nicht auf das Darlehen zahlt[24];
- die Übertragung des Eigentums vom C auf A.

Da der unmittelbare Besitz bei dem Sicherungsgeber/Schuldner verbleiben soll, vereinbaren die Parteien regelmäßig -und auch hier- ein Besitzkonstitut (§§ 930, 868 BGB); im vorliegenden Fall ist das ein Leihvertrag (§ 598 BGB).

Durch die Sicherungsübereignung hat C folglich Eigentum übertragen, so daß man sich auf den Standpunkt stellen kann, Sicherungseigentum sei ein Recht i.S.v. § 771 I ZPO. *Wirtschaftlich betrachtet* zählt der PKW jedoch zum Vermögen des C. Er hat den PKW in seinem unmittelbaren Besitz und erhält das Eigentum daran zurück, sobald er die Darlehensforderung getilgt hat. Nur wenn er dieser Pflicht nicht nachkommt, ist A berechtigt, auf das Sicherungsgut zuzugreifen. Diese Situation ähnelt der bei den besitzlosen Pfandrechten (z.B. §§ 559, 647 BGB); der Unterschied besteht nur darin, daß der Schuldner dort Eigentümer der mit dem Pfandrecht belasteten Sache bleibt. 301

Wegen dieser Parallele verweist ein Teil der Literatur und der Rechtsprechung den Sicherungsnehmer auf die *Klage auf vorzugswei-* 302

---
[22] BGHZ 55, 20, 26; 72, 141, 145.
[23] Zur Sicherungsübereignung *Schreiber*, SachR Rdn. 289.
[24] *Schreiber*, SachR Rdn. 297, 298.

se Befriedigung gem. § 805 ZPO.[25] Diese Ansicht stützt sich insbesondere darauf, daß das Sicherungseigentum im Konkurs des Sicherungsgebers wie ein Pfandrecht behandelt wird[26], so daß dem Sicherungsnehmer lediglich ein *Absonderungsrecht* (§§ 47 ff KO) zusteht. Um Widersprüche zu vermeiden, dürfe man ihn in der Einzelzwangsvollstreckung nicht besser stellen.[27]

Wissen Sie mit den Begriffen „Aussonderung" und „Absonderung" etwas anzufangen? Auch im Konkurs sollen die Gläubiger des Schuldners (Gemeinschuldners) nur aus dessen Vermögen befriedigt werden. Wenn sich der Konkursschuldner jedoch fremde Sachen in seinem Besitz hat, kann es passieren, daß diese Gegenstände zur Konkursmasse gezählt werden. Aussonderungsberechtigte (§ 43 KO) sind dann berechtigt, ihre Gegenstände aus der Masse herauszunehmen, weil diese eben nicht zu dem Vermögen des Konkursschuldners zählen.[28] Absonderungsberechtigte hingegen können nur verlangen, aus bestimmten zur Masse gehörigen Gegenständen vorweg befriedigt zu werden.[29]

303 Demgegenüber gesteht die h.M.[30] dem Sicherungsnehmer die Drittwiderspruchsklage zu, solange die zu sichernde Forderung besteht; denn er sei Eigentümer der zur Sicherheit übereigneten Sache. Sei er auf die Klage auf vorzugsweise Befriedigung angewiesen, würde ihm eine bestimmte Verwertungsart aufgedrängt. Dies könne nicht richtig sein, weil der Sicherungsvertrag ihm zumeist auch das Recht gebe, das Sicherungsgut im freihändigen Verkauf zu veräußern, wobei er im Regelfall einen höheren Erlös erzielen könne. Dieses Recht werde dem Absonderungsberechtigten sogar im Konkurs gem. § 127 II KO zugestanden.[31] Auch vermöge die Parallele zum Konkurs im übrigen deshalb nicht zu überzeugen, weil die Situation dort eine wesentlich andere sei. Gem. § 65 I KO seien Forderungen sofort fällig; der Sicherungsgeber solle aber nicht gleichzeitig die Erfüllung seiner Forderung verlangen und das Sicherungseigentum aussondern dürfen.[32]

b) Die Klage auf vorzugsweise Befriedigung nach § 805 ZPO

304 Wenn Sie sich in Ihrer Lösung der Mindermeinung anschließen wollten, so müßten Sie die Drittwiderspruchsklage als unbegründet be-

---

[25] LG Berlin, JR 1952, 249, 250; *Baumbach/Lauterbach/Hartmann*, § 771 Rdn. 26; MünchKomm/*Karsten Schmidt*, ZPO, § 771 Rdn. 29.
[26] RGZ 124, 73, 75.
[27] z.B. MünchKomm/*Karsten Schmidt*, ZPO, § 771 Rdn. 29.
[28] *Jauernig*, ZVR, § 45 I.
[29] *Jauernig*, ZVR, § 45 II
[30] BGHZ 72, 141, 145; 80, 296, 299; *Rosenberg/Gaul/Schilken*, § 41 VI 4 b; *Stein/Jonas/Münzberg*, § 771 Rdn. 26; *Zöller/Herget*, § 771 Rdn. 14.
[31] *Reinicke/Tiedke*, DB 1994 2601, 2603; *Bruns/Peters*, § 16 I 1 b; *Stein/Jonas/Münzberg*, § 771 Rdn. 26.
[32] *Rosenberg/Gaul/Schilken*, § 41 VI 4 b.

Begründetheit der Drittwiderspruchsklage

zeichnen. Sodann wäre die Klage auf vorzugsweise Befriedigung (§ 805 ZPO) zu erörtern, weil A nach der Aufgabenstellung zumindest am Versteigerungserlös beteiligt werden will.

Die Klage auf vorzugsweise Befriedigung ist eine Gestaltungsklage.[33] Die Vollstreckung in den Vollstreckungsgegenstand kann der Dritte durch ihre Einlegung nicht verhindern. Er erreicht aber, daß er wegen seines vorrangigen Pfandrechts vor dem Vollstreckungsgläubiger aus dem Versteigerungserlös befriedigt wird.

Die Prüfung wäre wie folgt fortzusetzen:

aa) Die Zulässigkeit der Klage auf vorzugsweise Befriedigung 305
(1.) Die Klage müßte *statthaft* sein. Wie sich aus der Gesetzessystematik[34] ergibt, ist die Klage auf vorzugsweise Befriedigung nur bei der Vollstreckung wegen Geldforderungen in das bewegliche Vermögen (§§ 803 ff ZPO) statthaft. Diese Vollstreckungsart liegt hier vor.

(2.) *Sachlich zuständig* ist gem. § 805 II ZPO das Vollstreckungsgericht (§ 764 ZPO), wenn nicht der Streitgegenstand zur Zuständigkeit der Landgerichte gehört (§ 805 II 2. Halbs. ZPO). *Örtlich zuständig* ist das Landgericht, in dessen Bezirk das Vollstreckungsgericht seinen Sitz hat. § 805 ZPO regelt also sowohl die örtliche als auch die sachliche Zuständigkeit.

(3.) Das *Rechtsschutzbedürfnis* für die Klage nach § 805 ZPO besteht im Zeitraum zwischen der Pfändung und der Auskehrung des Erlöses.[35] Insoweit kann auf die Feststellungen zur Zulässigkeit der Drittwiderspruchsklage verwiesen werden.

bb) Die Begründetheit der Klage auf vorzugsweise Befriedigung gem. 306
§ 805 ZPO
Die Klage ist begründet, wenn dem Kläger ein dem Pfändungspfandrecht vorrangiges Pfand- oder Vorzugsrecht an dem Vollstreckungsgegenstand zusteht und keine Einwendungen des Beklagten entgegenstehen.

A hat aufgrund der Sicherungsübereignung ein dem Pfandrecht ähnliches Recht.[36] Der PKW ist erst gepfändet (§ 803 ZPO) worden, nachdem C ihn an A zur Sicherheit übereignet hat. Die Sicherungsübereignung ist folglich gegenüber dem Pfändungspfandrecht (§ 804 I ZPO) vorrangig.

Die Klage auf vorzugsweise Befriedigung wäre also, folgte man der Mindermeinung, zulässig und begründet.[37]

---

[33] *Rosenberg/Gaul/Schilken*, § 42 II 2; *Lippross*, § 47.
[34] Vgl. dazu die Übersicht Rdn. 234.
[35] *Thomas/Putzo*, § 805 Rdn. 7.
[36] Das müssen Sie annehmen, wenn Sie der Mindermeinung folgen.
[37] Zu den Einwendungen sogleich Rdn. 309.

c) *Die Drittwiderspruchsklage*

307 Würden Sie der h.M. folgen, müßten Sie das Vorliegen eines Rechts i.S.v. § 771 I ZPO[38] bejahen und könnten dazu übergehen, die Einwendungen des Beklagten zu prüfen.

308 *d)* Auch der umgekehrte Fall, in dem *Gläubiger des Sicherungsnehmers* in das Sicherungsgut *vollstrecken* wollen, sollte Ihnen bekannt sein.[39] Der Sicherungsgeber ist nicht Eigentümer. Es gibt deshalb Literaturstimmen, die die Befugnis des Sicherungsgebers, Drittwiderspruchsklage zu erheben, verneinen, solange der Sicherungszweck besteht, die zu sichernde Forderung also noch nicht erfüllt ist.[40] Die h.M. argumentiert dagegen, daß das Sicherungsgut nach wirtschaftlicher Betrachtungsweise - jedenfalls solange der Sicherungszweck nicht eingetreten ist - zum Vermögen des Sicherungsgebers gehört[41]. Letztere Auffassung überzeugt: Wenn selbst der Sicherungsnehmer nach dem Sicherungsvertrag nicht berechtigt ist, das Sicherungsgut zu verwerten, weil der Sicherungsgeber auf die zu sichernde Forderung zahlt, kann diese Befugnis auch den Gläubigern des Sicherungsnehmers nicht zustehen. Um deren Zugriff zu verhindern, wäre der Sicherungsgeber anderenfalls gezwungen, vorzeitig die Forderung zu erfüllen.[42]

309 *e)* Der B dürften keine Einwendungen gegen das Sicherungseigentum der A zustehen. Darunter sind alle Einwendungen im prozessualen Sinne zu verstehen, also rechtshindernde, rechtsvernichtende und rechtshemmende Einreden.[43] Hier sind keine Einwendungen ersichtlich. A kann deshalb mit der Drittwiderspruchsklage erfolgreich gegen die Zwangsvollstreckung vorgehen.

Abwandlung

310 D könnte gegenüber A einen Anspruch auf Herausgabe des Kfz-Briefes gem. § 985 BGB i.V.m. § 952 BGB haben. § 952 BGB ist auf Kfz-Briefe entsprechend anwendbar.[44] Danach steht das Eigentum am Fahrzeugbrief dem Eigentümer des Fahrzeugs zu. Ein Anspruch des D auf Herausgabe setzt also voraus, daß D Eigentümer des PKW geworden ist. In Betracht kommt hier ein Erwerb in der öffentlichen Versteigerung. Die Versteigerung von beweglichen Sachen richtet sich nach den

---

[38] Zu weiteren Rechten i.S.v. § 771 I ZPO vgl. *Schreiber*, Jura 1992, 25, 33, 34.

[39] In der Praxis wird er allerdings kaum je vorkommen, weil der Sicherungsgeber das Sicherungsgut zumeist in Besitz hat und sich weigern wird, es herauszugeben (§ 809 ZPO).

[40] Z.B. *Weber*, NJW 1976, 1601, 1605.

[41] BGHZ 72, 141, 143; *Brox/Walker*, Rdn. 1416; *Zöller/Herget*, § 771 Rdn. 14.

[42] Ähnlich *Lippross*, § 46 (Fall 91).

[43] *Rosenberg/Gaul/Schilken*, § 41 IX. Zu den Einwendungen und Einreden oben Rdn. 149.

[44] BGH NJW 1978, 1854.

§§ 814 ff ZPO. Im Gegensatz zur Immobiliarversteigerung[45] erwirbt der Meistbietende hier noch nicht mit dem Zuschlag (§ 817 I ZPO) Eigentum. Durch den Zuschlag kommt mit dem Meistbietenden ein kaufrechtsähnlicher öffentlich-rechtlicher Vertrag zustande, aufgrund dessen die Ablieferung der Sache verlangt werden kann.[46] Zur Eigentumsübertragung kommt es erst bei Ablieferung der Sache (§ 817 II ZPO) durch den Gerichtsvollzieher. Die Ablieferung ist aber keine Übereignung nach den §§ 929 ff BGB. Der Eigentumserwerb erfolgt vielmehr kraft öffentlichen Rechts, also durch staatlichen Hoheitsakt.[47]

Voraussetzungen eines Eigentumserwerbs in der öffentlichen Versteigerung sind:
- die wirksame Verstrickung der Sache, die zum Zeitpunkt der Versteigerung noch andauert, und
- die Einhaltung der für die Versteigerung wesentlichen Verfahrensvorschriften.

a) Rechtsfolge einer wirksamen Pfändung (§ 803 ZPO) ist die *Verstrickung*. Unter Verstrickung versteht man die staatliche Beschlagnahme des Vollstreckungsgegenstandes, die zur Folge hat, daß der Berechtigte über ihn nicht mehr verfügen darf (§§ 135, 136 BGB)[48]. Nur ausnahmsweise, nämlich bei Vorliegen besonders schwerwiegender Mängel, ist eine Pfändung nichtig, so daß es nicht zur Verstrickung kommt, so z.B. wenn der Pfändung kein Vollstreckungstitel zugrundelag.[49] 311

Laut Sachverhalt hat der Gerichtsvollzieher den PKW aufgrund des gerichtlichen Vergleichs gepfändet. Es bestehen keine Anhaltspunkte dafür, daß die Pfändung nichtig sein könnte. Insbesondere führt die Tatsache, daß es sich bei dem gepfändeten Gegenstand um das Eigentum der A handelt, nicht zur Nichtigkeit der Pfändung.[50] Der PKW ist also wirksam verstrickt. Auch dauerte die Verstrickung zum Zeitpunkt der Versteigerung noch an.

Wie wirkt es sich dann überhaupt aus, daß der Pfandgegenstand nicht dem Vollstreckungsschuldner gehört? Zu dieser Frage existiert ein Theorienstreit, der zwar in der Praxis meistens zu denselben Ergebnissen führt, den Sie aber als Bestandteil der „juristischen Allgemeinbildung" kennen sollten. 312

---

[45] Vgl. oben Rdn. 274 ff.
[46] OLG München, DGVZ 1980, 122, 123; *Rosenberg/Gaul/Schilken*, § 53 III 1. Nach a.A. liegt kein Vertrag vor, sondern lediglich ein staatlicher Hoheitsakt (z.B. *Stein/Jonas/Münzberg*, § 817 Rdn. 20). Der Theorienstreit wirkt sich praktisch jedoch nicht aus.
[47] BGHZ 55, 20, 25; *Brox/Walker*, Rdn. 411.
[48] *Thomas/Putzo*, § 803 Rdn. 7.
[49] Weitere Beispiele bei *Brox/Walker*, Rdn. 364.
[50] Vgl. oben Rdn. 291, 292.

Durch die Pfändung entsteht gem. § 804 I ZPO ein *Pfändungspfandrecht* des Gläubigers an dem gepfändeten Gegenstand. Über die Rechtsnatur dieses Pfandrechts wird nach wie vor gestritten. Früher, als man noch annahm, die Zwangsvollstreckung sei ein dem Privatrecht zuzuordnender Vorgang, betrachtete man auch das Pfändungspfandrecht als privatrechtliches Pfandrecht.[51] Mittlerweile ist allgemein anerkannt, daß das Zwangsvollstreckungsrecht zum öffentlichen Recht gehört.[52] Heute werden im wesentlichen zwei Theorien über die Rechtsnatur des Pfändungspfandrechts vertreten. Dabei handelt es sich um die öffentlichrechtliche[53] und um die gemischt privatrechtlich-öffentlichrechtliche Theorie[54].

313 Nach der *öffentlichrechtlichen Theorie* stellt das Pfändungspfandrecht ein öffentlichrechtliches Pfandrecht dar, das allein durch die Pfändung entsteht. Aufgrund des Pfandrechts ist danach der Pfandrechtsgläubiger berechtigt, die Versteigerung des gepfändeten Gegenstands zu betreiben und den Versteigerungserlös entgegenzunehmen. Ob er berechtigt ist, den Erlös für sich zu behalten, soll sich allerdings nach materiellem Recht richten.

314 Die *gemischt privatrechtlich-öffentlichrechtliche Theorie* geht davon aus, daß das Pfandrecht privatrechtlichen Charakter hat. Es entsteht danach nur, wenn neben der wirksamen Verstrickung die Voraussetzungen der §§ 1204 ff BGB erfüllt sind. Insbesondere muß der Vollstreckungsschuldner Eigentümer des Pfandes sein (§ 1205 BGB). Die Vertreter dieser Theorie erkennen an, daß die Verwertung des Pfandrechts kraft öffentlichen Rechts geschieht. Voraussetzung und Grundlage der Verwertung ist danach lediglich die wirksame Verstrikkung. Fehlt es jedoch an einem Pfändungspfandrecht, weil der Schuldner z.B. nicht Eigentümer des Pfandgegenstandes ist, so ist der Gläubiger nicht berechtigt, sich aus dem Versteigerungserlös zu befriedigen.

315 In unserem Fall wäre nach der öffentlichrechtlichen Theorie durch die Pfändung des PKW folglich ein Pfändungspfandrecht entstanden, das die B berechtigt, die Verwertung zu betreiben. Nach der gemischten Theorie läge zwar die wirksame Verstrickung vor; es würde aber am Pfandrecht fehlen, da nach § 1205 BGB der Pfandgegenstand im Eigentum des Schuldners stehen muß und ein gutgläubiger Erwerb gesetzlicher Pfandrechte ausgeschlossen ist. Denn § 1257 BGB setzt ein bereits *entstandenes* gesetzliches Pfandrecht voraus.[55] Insoweit

---

[51] RGZ 60, 70, 72.
[52] Ausführlich dazu *Rosenberg/Gaul/Schilken*, § 1 III 1.
[53] *Lüke*, JZ 1955, 484, 485; *Stein/Jonas/Münzberg*, § 804 Rdn. 1.
[54] RGZ 156, 395, 398; *Rosenberg/Gaul/Schilken*, § 50 III 3; *Lippross*, § 13 III.
[55] Zum Streit um den gutgläubigen Erwerb gesetzlicher Pfandrechte z.B. *Palandt/Bassenge*, § 1257 Rdn. 2.

führen die Theorien folglich zu unterschiedlichen Ergebnissen. Diese Unterschiede wirken sich jedoch auf den Eigentumserwerb durch den Meistbietenden nicht aus. Voraussetzung der Versteigerung ist nach der öffentlichen Theorie das Vorliegen des Pfändungspfandrechts, nach der gemischten Theorie die Verstrickung der Sache. Unabhängig davon, welcher Theorie man sich hier anschließt, kann also ein Eigentumserwerb des D bejaht werden: nach der öffentlichrechtlichen Theorie, weil der B ein Pfändungspfandrecht zusteht, nach der gemischten Theorie, weil der Pfandgegenstand wirksam verstrickt war.

In der Klausur sollten beide Theorien nicht in der hier geschehenen Breite dargestellt werden. Am elegantesten lösen Sie den Fall, indem Sie sagen, daß es dahingestellt bleiben kann, welcher Theorie man hier folgt, da die Sache jedenfalls wirksam verstrickt ist, so daß auch nach der gemischten Theorie ein Eigentumserwerb in der öffentlichen Versteigerung möglich ist.[56]

Ausgeschlossen sein könnte der Eigentumserwerb durch D aber, weil er wußte, daß der PKW nicht dem C gehörte. Da es sich bei der Ablieferung nicht um einen rechtsgeschäftlichen Erwerb, sondern um einen Erwerb kraft Hoheitsakts handelt, findet § 1244 BGB keine Anwendung. Trotz Bösgläubigkeit kann der Meistbietende deshalb in der Versteigerung Eigentum erwerben.[57] - Manche Literaturstimmen lehnen dies bei Kenntnis des Erwerbers vom Dritteigentum ab.[58] Dafür spricht, daß es unbillig erscheint, wenn der Dritte trotz seines Wissens Rechtsinhaber wird, nur weil es sich um einen Hoheitsakt und nicht um ein privates Rechtsgeschäft handelt. Zu bedenken ist jedoch, daß die letztere Auffassung zu Beweisschwierigkeiten führen kann[59]. Zudem erscheint der Schutz des Dritten ausreichend dadurch gewährleistet, daß dieser gegen den Erwerber u.U. Ansprüche aus § 826 BGB und gegen den Vollstreckungsgläubiger auf Herausgabe des Versteigerungserlöses hat.[60]

Die Bösgläubigkeit des D hindert also den Eigentumserwerb nicht.

b) Es müßten ferner die für die Versteigerung wesentlichen Verfahrensvorschriften beachtet worden sein.

aa) Es muß eine öffentliche Versteigerung stattgefunden haben (§ 814 ZPO).

---

[56] Eine ausführliche Darstellung des Meinungsstreits finden Sie bei *Lippross*, § 13 III. - Teilweise verlangen die Vertreter dieser Theorie, daß neben der wirksamen Verstrickung die wesentlichen Vorschriften der Zwangsvollstreckung eingehalten werden müssen, damit ein Pfändungspfandrecht entsteht (vgl. dazu die Auffassungen *Lippross*, § 13 III, und *Jauernig*, ZVR, § 16 C). Hier erübrigte sich mangels eines Hinweises im Sachverhalt ein Eingehen auf diesen Streit.
[57] H.M.; BGHZ 55, 20, 25; *Stein/Jonas/Münzberg*, § 817 Rdn.21.
[58] *Bruns/Peters*, § 23 IV 2.
[59] Ausführlich dazu *Stein/Jonas/Münzberg*, § 817 Rdn. 21.
[60] Vgl. *Lippross*, § 14.

bb) Das Barzahlungsgebot muß beachtet worden sein (§ 817 II ZPO).

Hier besteht kein Anhaltspunkt dafür, daß diese Verfahrensregeln mißachtet worden sind. D hat deshalb in der Versteigerung Eigentum an dem PKW erworben. Entsprechend § 952 BGB ist er deshalb auch Eigentümer des Kraftfahrzeugsbriefs.

A hat kein Recht zum Besitz i.S.v. § 986 BGB.

D kann folglich von A Herausgabe des Briefes verlangen.

Stichwortregister

Die Hinweise beziehen sich auf die Randnummern.
Die fetten Zahlen verweisen auf die Hauptfundstelle.

Abweisung der Klage 33, **70** ff, 96
Anhängigkeit 66, 91 ff, 112

Bayrisches Oberstes Landesgericht 197
Befriedigung, Klage auf vozugsweise 290, **302** ff
Beibringungsgrundsatz s. Verhandlungsgrundsatz
Berufung 125, 184, **199** ff, 212 ff, 226 ff, 282
Beschwer **204** ff, 246
- formelle 205
- materielle 246
- bei Revision 215
- bei Vollstreckungserinnerung 246

Beschwerde **193** ff, 209
- einfache 230
- sofortige Beschwerde im Erkenntnisverfahren 225
- sofortige Beschwerde im Zwangsvollstreckungsverfahren 239 ff
Beweiserhebungstheorie 158
Beweislast 175, 178 f,
Beweismittel 12, 193, 220

Devolutiveffekt 193
Dispositionsmaxime 86, 97, 102
Doppelnatur des Prozeßvergleichs 106
Doppeltatbestand der Prozeßaufrechnung 150, 163
Drittwiderspruchsklage 174, **290** ff, 305 ff

Einrede 34, 98, **149** ff, 168, 183
- materiellrechtliche 136 ff
- prozessuale 110, 120
Einspruch 125, 282, **287**
Einwendung **141** ff, 170 ff, 286 ff, 306 ff
- bei Vollstreckungsgegenklage 174, **283** ff
- rechtshemmende 149 f
- rechtshindernde 149
- rechtsvernichtende 148, 163, 167
Erkenntnisverfahren 233
Erledigung der Hauptsache 70 ff, 84, 92 ff
- einseitige **70** ff, 94
- übereinstimmende 71 ff
Eventualaufrechnung 145, 157

Feststellungsklage 175 ff
- negative 190
Feststellungswiderklage 181

Gehör, rechtliche **38**, 243
Gerichte **8**, 33, 111, 185, 202, 305
Gesetzwidrigkeit, greifbare 228

Hauptklage 177, 184, 190
Hilfsantrag 46, 51, 55
Hilfsaufrechnung s. Eventualaufrechnung
Hilfsgutachten 17, 40, **98** ff
Hypothekenhaftungsverband 276

Inquisitionsmaxime
s. Untersuchungsgrundsatz

Kausalität 62, **81** ff, 219
Klageabweisungstheorie 157
Klageänderung 36, 62, 77 ff, 85
Klageantrag 32, **42**, 70, 122, 205, 279
- Bestimmtheit 42
- Unbestimmtheit 44
Klagegrund 40 ff
Klagehäufung 54
- eventuelle 55
- obejektive 54
- subjektive 56
Klagerücknahme 70 ff, **99** ff
Klagerücknahmeversprechen 98, **109** ff
- Einrede des Klagerücknahmeversprechens 110 ff
Klageverzicht 70, 76
Kostenentscheidung 68, **71** ff, 85 ff, 231

Ladung 12, **118**
Leistungsklage **42**, 77, 175, 191, 209

non liquet 175, **178**
Notfrist 118, **202**, 231

öffentlichrechtliche Theorie 312

Parteibegriff **48**, 51
Parteifähigkeit 107, 262
Pfändungspfandrecht 288, 306, **312** ff
Postulationsfähigkeit 107
- im Zwangsvollstreckungsverfahren 263
Primäraufrechnung 154
Privatrechtlich-öffentlichrechtliche Theorie 312 ff
Prozeßführungsbefugnis 46 ff, 297
- Abgrenzung zum Parteibegriff 51
Prozeßhandlung, bedingte **55** ff, 75, 155
Prozeßhindernisse 34 ff
Prozeßstandschaft 49 ff
Prozeßvergleich s. Vergleich
Prozeßvoraussetzungen 35 ff, 117, 126, 281

Rechtsbehelf 125, **193** ff, 233 ff, 292 ff
Rechtshängigkeit 36, 66, 75, **91** ff, 101 ff, 145 ff, 161 ff, 182 ff
- Einrede der andersweitigen Rechtshängigkeit 182 ff, 190
- Rechtshängigkeitssperre **159** ff
Rechtskraft 36, **98** ff, 126, 162 ff, 183 ff, 186, 205, 254
- formelle 126, **193**
- materielle **126** ff, 166
- Einrede der Rechtskraft 166, **191**
Rechtskrafttheorien 161 ff
Rechtsmittel 180, **193**, 201, 204 ff, 213, 226
Rechtspflegeerinnerung 234, **242**
Rechtsschutzbedürftigkeit
  s. Rechtsschutzinteresse
Rechtsschutzinteresse 32 ff, **52**, 73, 182 ff, 191, 204, 264 ff, 298
- bei einseitiger Erledigungserklärung 73
- bei Feststellungsklage 181, **186**
- bei Drittwiderspruchsklage 298
- des Rechtsmittelklägers 193, **204**
- bei Vollstreckungserinnerung 247
- bei Vollstreckungsgegenklage **172** ff, 282
- bei Zwangsvollstreckungsantrag 264
Restitutionsklage 222 ff
Revision 125, 153, **211**, 224
Revisionsgründe 213
Richter, gesetzlicher 38

Sachentschedigungsvoraussetzungen 33, 162, 175, 182
Sachurteilsvoraussetzungen
  s. Sachentscheidungsvoraussetzungen
Schlüssigkeit der Klage 126, **134**
Selbstüberprüfung des Vollstreckungsgerichts 42, 243
Senat 11
- Großer Senat 11
- Vereinigte Große Senate 11
Sprungrevision 197

Stichwortregister

Statthaftigkeit 200 ff
- der Berufung 200
- der Bescherde 228
- der Revision 213
- der Vollstreckungserinnerung 239
- der Vollstreckungsgegenklage 280

Streitgegenstand 97, **127**, 159, 305
- rechtskräftige Entscheidung über denselben Streitgegenstand 97, 133, 159, **182**

Streitgenossenschaft 56, **62**
Stufenklage 44
Suspensiveffekt 193

Überzeugung, freie des Gerichts **45**, 166
Unterlassungsanspruch 42
Untersuchungsgrundsatz 98, **117**
Ursächlichkeit
s. Kausalität

Verfahrensbeendigung durch Kläger **69** ff, 101
Verfahrensrüge 221, 238, 246
Verfahrensstillstand 151
Verfassungsbeschwerde 195
Vergleich des materiellen Rechts 105 ff
- Prozeßvergleich **98** ff, 282 ff, 311
Verhandlungsgrundsatz 117
Versäumnisurteil **98**, 117 ff, 195, 287
- gegen den Beklagten 98, **134**
- gegen den Kläger 124
- unechtes 124

Versteigerung 234, **274** ff, 287, 310 ff
Verstrickung **287**, 311
Verwerfung der Berufung 200
Vollstreckungsabwehrklage
s. Vollstreckungsgegenklage
Vollstreckungsbescheid 195, **278**
Vollstreckungserinnnerung 195, **233** ff, 294
Vollstreckungsgegenklage 171 ff, 174, 264, **280** ff
Vollstreckungsklausel, Erteilung **266**, 282
Vollstreckungsorgan **233**, 250, 290
Vollstreckungstitel **102**, 254, 264

Widerklage 36, 110, **179** ff
Wiederaufnahme des Verfahrens 222

Zulässigkeit der Klage **33**, 40, 126
- Voraussetzungen 35
Zulässigkeit und Begründetheit **33**, 67, 93, 190, 200
Zurückweisung der Revision 222
Zuständigkeit 228, **244**, 253
- bei Drittwiderspruchsklage 296
- funktionelle **36**, 196
- örtliche **36**, 296
- sachliche **36**, 296
- bei Vollstreckungserinnerung 233, 243
- der Zivilgerichte 8, **281**
Zwangsvollstreckung, Voraussetzungen 234 ff
Zwischenfeststellungsklage **175**, 186 ff